JN164212

Mes Pâtisseries Préférées de A à Z

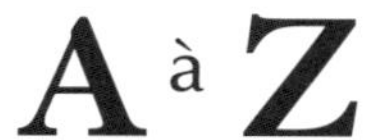

わたしのフランス菓子 A to Z

若山曜子

はじめに

シャルル・ド・ゴール空港からタクシーに乗り、パリ市内に入るとき、
私はいつも懐かしさで胸がいっぱいになります。
凱旋門、セーヌ川、ノートルダム寺院にリュクサンブール公園、パンテオン。
はるか昔、暮らした街・パリは、車窓から見る限り
あの頃と少しも変わったように見えません。
でも、本当はもちろん、パリも時代に合わせて随分と変わっています。

ピュイ・ダムール、「愛の泉」という名前のケーキ。
モントルグイユの「ストレー」が有名ですが、私が初めていただいたのは、
16区の「コクラン・エネ」という老舗パティスリーのものでした。
サクサクのパイ生地に濃厚なクレーム・パティシエールを詰め、表面をキャラメリゼ。
シブーストに似ているけれど、もっと濃厚でストレートな味わい。
材料はとてもシンプル。
でも、なかなか家で作る気にはならない手間のかかるお菓子です。
パリに来たらここでまた食べよう、と思っていたのに、
「コクラン・エネ」はなくなってしまいました。

好きだった雑貨屋さんはインターネットの会社に。金物屋さんはスターバックスに。
透明なガラス箱のような電話ボックスはもうどこにもありません。

店が新しくなっても街自体が変化していないように見えるのは、地震がなく、
石造りの建物を居抜きで使っているところが多いせいでしょう。
それは、使えるものを修復しながらずっと使い続ける節約精神の表れともいえるし、
時が経ったものに価値を置くフランス人の思考の表れなのかもしれません。

私が住んでいたアパルトマンから、ほんの30秒ほど歩いたところにも
ヘミングウェイが住んでいた、と書かれた建物がありました。
前を通るたび、今にも重いドアが開いて、
立派なお髭顔の彼が出てくるような気がしたものです。

— もし君が幸運にも、青春時代にパリに住んだとすれば
君が残りの人生をどこで過ごすとしても
パリは君について回る。
なぜならパリは移動祝祭日なのだから。
（アーネスト・ヘミングウェイ『*A Moveable Feast*』より）

ヘミングウェイの言葉通り、若い頃過ごしたパリは、
今も私の頭の中で、住んでいたあの時のまま、どんなに遠く、
小さくなってもキラキラとその輝きは変わりません。

真っ暗な冬の朝、製菓学校へと向かった石畳の道。
色とりどりの野菜や果物が並び、威勢のよい掛け声が飛び交うマルシェ。
熱々のショコラ・ショーをすすりながら、何時間も過ごしたカフェ。
いつ訪れても変わらないパリがあるから。
またどこかで「コクラン・エネ」の
ピュイ・ダムールの味に出会える気がするのです。

若山曜子

SOMMAIRE もくじ

はじめに 002

A Amandes（アマンド／アーモンド）........ 008
Amuse-bouche（アミューズ・ブーシュ／小さな前菜）........ 010
B Beurre（ブール／バター）........ 012
Brioche（ブリオッシュ）........ 014
Brocante（ブロカント／古道具）........ 018
C Cake（ケーク／ケーキ）........ 020
Chocolat（ショコラ／チョコレート）........ 024
Choux（シュー）........ 026
Confiture（コンフィチュール／ジャム）........ 030
D Dessert（デセール／デザート）........ 034
Diplomate（ディプロマット）........ 038
E Épicerie（エピスリー／スパイス屋、食料品店）........ 042
F Fleurs（フルール／花）........ 044
Fromage（フロマージュ／チーズ）........ 048
Fruits（フリュイ／フルーツ）........ 052
G Galette（ガレット）........ 056
Galette des rois（ガレット・デ・ロワ）........ 058
H Herbes（エルブ／ハーブ）........ 062
I Infusion（アンフュージョン／ハーブティ）........ 064
J Jus（ジュ／ジュース）........ 068
K Kouglof（クグロフ）........ 070
Kouign-amann（クイニーアマン）........ 074
L Lait（レ／牛乳）........ 078
Livre（リーヴル／本）........ 080
M Macaron（マカロン）........ 082

＝レシピの載っているページ

M Madeleine（マドレーヌ） 086
Meringue（ムラング／メレンゲ） 090
N Noël（ノエル／クリスマス） 094
Nutella（ニュテラ／ヌテラ） 098
O Olive（オリーブ） 102
Orange（オランジュ／オレンジ） 104
P Pâtisserie（パティスリー） 106
Pêche（ペッシュ／桃） 112
Petit-déjeuner（プチデジュネ／朝ごはん） 114
Q Quatre-quarts（カトルカール） 116
R Raisin（レザン／レーズン） 118
Rhum（ラム／ラム酒） 122
S Sablés（サブレ） 124
Salon de thé（サロン・ド・テ） 128
Supermarché（シューペルマルシェ／スーパーマーケット） 132
T Tartines（タルティーヌ） 134
U Ustensile（ユストンスィル／調理道具） 136
V Vanille（ヴァニーユ／ヴァニラ） 138
Vin（ヴァン／ワイン） 142
W Wa（和） 144
X Xérès（クセレス／シェリー酒） 148
Y Yaourt（ヤウー／ヨーグルト） 150
Z Zeste（ゼスト／柑橘の皮） 152

SHOP LIST 154
おわりに 158

RECETTES
レシピ

本書の使い方

・バターは無塩バターを使用しています。
・小さじ1は5mℓ、大さじ1は15mℓです。
・卵はMサイズを使用しています。
・電子レンジの加熱時間は600Wのものを基準にしています。
・オーブンでの加熱温度、加熱時間は機種によって様々です。
　表記の時間を目安に、予熱と同じ温度で様子を見ながら焼いてください。
・コンロでの火加減についても、表記を目安に様子を見ながら加減してください。

・本書内で紹介されているショップなどのアドレスは、初版刊行年（2018年3月）時点のものです。
　変更がある場合がありますので、実際に行かれる際にはインターネットなどでご確認ください。

Amandes

アマンド／アーモンド

「フランス菓子はバター、砂糖、卵、そしてアーモンドで成り立っている」ともいわれるアーモンド。とりわけ卵白のお菓子によく使われます。適度な油分がコクを出し、生地をしっとりさせてくれるからです。マカロン、ダクワーズ、フィナンシェ……卵白とアーモンドの組み合わせで思い浮かぶのは、"ザ・フランス菓子"ばかり。お菓子だけでなく、6月にマルシェに並ぶフレッシュな緑のアーモンドは、つるんと皮をむいた白い仁の部分をサラダなどに使います。カリッとした食感とコクがよいアクセントになるのでしょう。

使う材料が同分率で覚えやすいクレーム・ダマンドは、お菓子作りのファーストステップとして習うレシピ、つまりはフランス菓子の基本中の基本。冷凍しておけば焼き菓子（例えばP.055のタルト）を作るのに便利です。フランス人は日が経って固くなったクロワッサンをシロップに浸し、クレーム・ダマンドをのせてクロワッサン・オ・ザマンドとしていただきますが、私はあっさり食パンにのせてこんがり焼くのも好きです。香ばしいアーモンドとバターの香りがたまりません。バナナやりんご、ラム酒漬けのレーズン、ラズベリージャムなどを間に挟むと、より贅沢なおやつになります。

アーモンドトースト

（作りやすい分量）クレーム・ダマンドを作る。室温に戻したバター50gとグラニュー糖（または粉砂糖）50gをしっかり混ぜ、アーモンドパウダー50g、卵1個を加えてさらに混ぜる。食パンに好みのジャムを塗り、アーモンドクリームを好きなだけ重ねる。スライスアーモンドを散らし、オーブントースターでこんがりと焼く。

＊残ったクレーム・ダマンドはラップで包み、冷凍庫で保存。「季節のフルーツタルト」（P.055）にも使用。
フルーツなど水分の多い素材と合わせるときは薄力粉を加えて使う。

Amuse-bouche

アミューズ・ブーシュ／小さな前菜

アミューズ・ブーシュは「*Amuser*（アミュゼ）（楽しませる）」から派生した言葉で、直訳すると「口を楽しませる」という意味。前菜の前に出される先づけのようなものです。お腹に響かなくて、これからの食事がさらに楽しみになり、お酒に合うものが好まれます。

こういった小さなお料理は、私のいたレストランではパティシエの担当でした。アミューズ・ブーシュやケータリング用のフィンガーフードはパティシエが作ることも多いのです。パイ生地、タルト生地などを多用し、手先の器用さが必要なので、確かに料理人が作るものというより、お菓子職人が得意とするところかもしれません。そのせいか、デリのような純粋なお惣菜屋さんもあるのだけれど、今でも昔ながらの高級なお菓子屋さんはお菓子と一緒に小綺麗なお惣菜や、昼食用のキッシュなどを売っています。

私はなぜかアミューズという言葉を聞くといつもちょっとワクワクします。これから始まる美味しいフランス料理のコースを想像するからでしょうか。いつもと違うしょっぱいものを作れた厨房での楽しさを思い出すからでしょうか。そういえば、金曜日の夕暮れ、学校が終わった別れ際、いつもクラスメートが「*Bon weekend*（ボン ウィークエンド）（良い週末を）」の代わりに「*Amuse-toi bien*（アミューズ トワ ビアン）（楽しんで！）」と言って肩をポンと叩いてくれていました。ときどきふっと彼らの笑顔が思い浮かぶことがあります。アミューズという言葉が好きなのはそのせいかしら、とも思います。

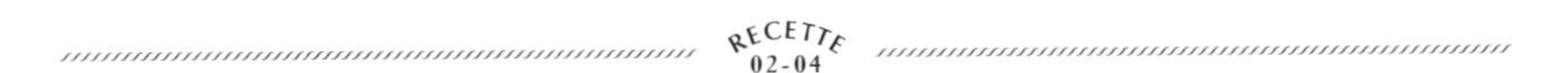

パイシートを使ったアミューズ・ブーシュ

（作りやすい分量）冷凍パイシートを厚さ2*mm*ほどにのばす。アンチョビ（写真上）⇒3×7*cm*の二等辺三角形に切り出し、底辺に小さく切り込みを入れる。アンチョビを薄く塗り、切り込みを開くように巻き始め、最後はとがった方を下にして置き、とめる。ウインナー（写真左下）⇒ 1×10*cm*くらいに切り出し、ウインナーに巻き、カレー粉をふる。食べやすく切って、タイムを添える。オリーブ（写真右下）⇒3×5*cm*くらいに切り出し、オリーブを2粒のせて生地でくるりと巻く。最後はとめ、小さく切り込みを入れる。すべて190℃に予熱したオーブンで15分ほど焼く。

B

Beurre

ブール／バター

フランスのバターはすべて発酵バター、そして基本は無塩バター（*Beurre doux*）です。発酵バターについては以前、日本のメーカーで研究職をされている方に詳しくうかがったことがあります。「発酵バターといっても、特別なものではないんですよ。フランスでは、冷蔵庫が開発されるずっと前からバターが食生活に根づいていたのだから、どうしたって作った時点から発酵していくんです。」というお話に、なるほど！　フランス人にとってのバターは、私たちにとっての味噌や漬物と同じなのだ、と、妙にしっくりきたものです。

発酵することにより、少し酸味を感じる分、味わいが軽やかに、そしてふくよかになるので、たっぷりバターを使うフランス菓子作りには、やはり発酵バターが向いています。フランスの加塩バター（*Demi-sel*）は、ブルターニュ地方のものが多く、これを塩分の強いバゲットに合わせるとちょっとしょっぱいし、通常はお菓子にも甘さをくどく感じるので使いません。でも、ブルターニュの郷土菓子、砂糖とバターを大量に使うクイニーアマンなどにはぴったり。塩でキリッと味が締まり、バターの存在感が際立ちます。パンケーキやクレープにのせるのも塩入りの方が私は好きです。

好きな食べ物はと尋ねられると、「バター！」と答え、それ食べ物というか食材？と苦笑されてきた私。バターが好きだから、バターの美味しいフランスが好きなのかもしれません。

1. 牧草で育てられた牛のミルクで作るグラスフェッドバター。**2.** 人気の「オー・ボン・ブール」はミルクの味が詰まっています。**3.**「ベイユヴェール」の有塩バターはカリッとした塩の歯ごたえが心地いい。**4.** ブルターニュ産の有塩バター。**5.** チーズ屋さんで買う非加熱のバター。 **6.**「ボルディエ」のバターの中でも、お菓子作りが好きならヴァニラビーンズ入りがおすすめ。

Biologique
Sel de Mer
LE BEURRE BORDIER
Esprit de Beurre
Beurre de Baratte
à la Vanille de Madagascar
LE BEURRE BORDIER
Beurre de Baratte
à la Vanille de Madagascar

B

Brioche

ブリオッシュ

パティシエが作るパンはヴィエノワズリーと呼ばれる、バターや卵の入ったおやつ向きのリッチなタイプが中心。ブーランジュリー（パン屋さん）にもヴィエノワズリーは並んでいますが、パティスリーのヴィエノワズリーの方がどこか繊細に思います。クロワッサンとブリオッシュが生地のベース。そこからいろいろなバリエーションのヴィエノワズリーが生まれます。

ブリオッシュは卵がたっぷりのふんわりと柔らかい生地。まんまるのパンに小さな頭を作るブリオッシュ・ア・テットがスタンダードなカタチですが、これがなかなか作るのが難しいのです。

製菓学校時代は、毎朝ブリオッシュを焼いていました。オーブンを開けると生徒が作った個性あふれるブリオッシュが四方八方に首をかしげていて思わずクスッと笑いたくなる情景です。そんな落ちこぼれたちも焼きたてはふわんふわん。ブリオッシュはバターが多い配合なので、冷めると生地が締まりますが、ちょっと温め直すだけでふんわり柔らかくなります。

ブリオッシュの生地はサバランと似ているので、美味しいブリオッシュを買ってきてリキュールを効かせたシロップに染み込ませるとサバランとしていただけます。また、南仏ではオレンジフラワーウォーターの香りのするムスリーヌクリームをブリオッシュに挟む「トロペジェンヌ」というお菓子や、お正月に食べるガレット・デ・ロワのベースになっています。

最近では、パリでは「ブリオッシュ・フレ」というお菓子をよく見かけます。卵がたっぷりのブリオッシュ生地でさらにバターを包んでクロワッサンのように層を作る、なんともスーパーハイカロリーなヴィエノワズリーです。持論ですが、上手な作り手さんだと、ハラハラと口に含んだときに空気を感じ、味わいはむしろ軽やか。見つけたら是非召し上がってみてください。

♛ 美味しいヴィエノワズリーが食べられるお店
ラ・パティスリー・デ・レーヴ（La Pâtisserie des Rêves）→ P.155
キャラメル・パリ（Karamel Paris）→ P.155
ヤン・クヴルー・パティスリー（Yann Couvreur Pâtisserie）→ P.157
デュ・パン・エ・デジデ（Du Pain et des Idées）→ P.154
ラ・ブーランジュリー・ティエリー・マルクス（La Boulangerie Thierry Marx）→ P.155

トロペジェンヌ

材料（直径約10*cm*　4個分）

クリーム
- 卵黄　3個分
- グラニュー糖　60*g*
- 薄力粉　10*g*
- コーンスターチ　15*g*
- 牛乳　250*mℓ*
- ヴァニラビーンズ　½本
- バター　50*g*
- 生クリーム（乳脂肪分45%以上のもの）　50*mℓ*

シロップ
- オレンジフラワーウォーター　数滴
- グラニュー糖　大さじ1
- 水　50*mℓ*

ブリオッシュ（直径約10*cm*、できればあられ糖ののったもの）　4個
粉砂糖（ブリオッシュにかかっていれば不要）　適量

下準備

・ヴァニラビーンズは縦に切り目を入れ、種をこそげる。
・バターは室温に戻す。
・シロップの材料をひと煮立ちさせて冷ます。

作り方

1　ボウルに卵黄とグラニュー糖を入れ、泡立て器で白っぽくなるまですり混ぜる。薄力粉とコーンスターチをふるい入れ、混ぜ合わせる。
2　鍋に牛乳とヴァニラビーンズをさやごと入れ、中火にかけて沸騰直前まで温める。半量を**1**に入れ、しっかりと混ぜ、鍋に戻す。
3　泡立て器で混ぜながら中火にかけ、しっかり火を通す（途中、ふつふつとしてもったりするが、さらに火を通していくとゆるくなり、つやが出てくる）。
4　バターを溶かし混ぜ、一度こし、バットに広げ、ラップで表面をぴっちり覆う。平らにならし氷水を張った別のバットにのせる。できれば上にも氷水を入れたバットをのせて、上下から冷やす。粗熱が取れたら冷蔵庫で冷やす。
5　生クリームは9分立てにする。
6　**4**が冷めてぷりっとしたら泡立て器でほぐし、**5**を加えて混ぜる。
7　ブリオッシュの厚みを半分に切る。切り目にシロップを染み込ませる。下半分に、丸型のしぼり口金で**6**をしぼり出す。上半分をかぶせ、粉砂糖をふる。

B

Brocante

ブロカント／古道具

フランスを旅行する楽しみのひとつにブロカント巡りがあります。フランス菓子は、フランスのアンティーク皿にのせてあげるのが一番しっくりくるように思うのですが、がさつな私には割れやすい華奢なお皿やドキドキして使えないようなお値段のお皿は無理。ぐるぐるーっと蚤の市や古道具屋さんを見て、お値段も可愛くて、手に馴染むものを連れて帰っています。

フランス人はケーキをフォークではなく、スプーンで食べるため、小さなフォークを探すのは至難の技。そして同じくデザート用の小さなお皿もなかなかない。だから私はなんとなくお題として小さなフォークと小さなお皿があるといいなと毎回思いながらそぞろ歩くのです。

そうそう、うっかり買ってしまうのが足つきのお皿、コンポティエ。持って帰るのが大変だけれど（文字通り「手荷物」にして右手にコンポティエを掲げ、まるで自由の女神のような格好で帰ったこともあります）、高さのあるお皿にのせるだけで、果物も焼き菓子も、いつもと違う視点で見るからか魅力的になる気がして、どうしても惹かれてしまいます。

♛ 週末に行くことのできる蚤の市
ヴァンヴ蚤の市（Les Puces de Vanves）→ P.156
クリニャンクール蚤の市（Les Puces de Clignancourt）→ P.156

♛ 便利な蚤の市サイト（フランス語）
https://vide-greniers.org/

♛ お気に入りのアンティークショップ
ファネット（Fanette）→ P.155
ロブジェ・キ・パルル（L'Objet qui Parle）→ P.156

C

Cake

ケーク／ケーキ

製菓学校の夏休み中に、ヴェルサイユにあるルノートルの夏期講習を受けました。そのときに、日本から研修で来られていたのが木村成克さん（現「ラ・ヴィエイユ・フランス」オーナーシェフ）。たまたま木村さんの滞在先が私のアパートから近いことがわかり、車で学校を往復していた木村さんは時間が合えば、私を乗せて帰ってくださいました。

あるとき、私はお菓子は好きなのに、なんでこんな不器用なんだろうと木村さんに愚痴りました。どうすれば上手くなるのか、アドバイスをもらいたくて。木村さんの返事は意外なものでした。

「曜子ちゃんはケークみたいなのを作ればいいと思うよ。俺、ああいう焼き菓子、好きなんよ。難しいこと考えないで家庭でも美味しくできるでしょ」

私はそのとき、ケークってパウンドケーキのことよね？ 美味しいし、好きだけど、私は綺麗なフランス菓子を学びに来たんだよー、と、ちょっぴり思わなくもなかったのです。

でも、おそらくずっとその言葉は私の頭にあって、何年も経ってから、私はケークの本を出し、それは初めて増刷がかかった本となりました。先日、木村さんにお会いしたときにお話ししたら、全然覚えていなかったけど。

というわけで、パリのパティスリーでケークを買うことはほとんどありません。家でも本当に美味しくできるお菓子だからです。そんな中でおすすめを２本ほど。「カール・マルレッティ」でカールさんから「お土産に」とプレゼントされたケーク・オ・シトロン。なんの変哲も無い見た目なのに、口の中でほろほろと崩れるような食感で、しっかりとしたバターの風味を感じるけれど、レモンの香りが爽やか。あっという間に食べきってしまいました。

もうひとつは「デ・ガトー・エ・デュ・パン」のケーク・オ・キャラメル。友人にすすめられて食べましたが、ケークといえど手の込んだ美しさ、美味しさ。持ち帰り、薄く切って少しずつ味わっています。

左：カール・マルレッティさんのケークは溶かしバターを使った軽いタイプ。右：「デ・ガトー・エ・デュ・パン」のケーク・オ・キャラメルは、中にも濃厚なキャラメルクリームが入っています。冬限定の味です。

♕ ケーク・オ・シトロンを買いに行くお店
カール・マルレッティ（Carl Marletti）→ P.154

♕ ケーク・オ・キャラメルを買いに行くお店
デ・ガトー・エ・デュ・パン（Des Gâteaux et du Pain）→ P.154

RECETTE 06

ふんわり軽く仕上げたレモンのケーク

材料（18×8×6.5cmのパウンド型 1台分）
サワークリーム　60g
粉砂糖　100g
はちみつ　小さじ1
卵　2個
薄力粉　110g
ベーキングパウダー　小さじ1
バター　60g
レモンの皮（すりおろし）　½個分
レモン果汁　小さじ1

アイシング
　粉砂糖　大さじ4
　レモン果汁　小さじ1

下準備
・卵は室温に戻す。
・バターは湯せんか電子レンジで溶かし、暖かい場所におく。
・型にクッキングシートを敷き込む。
・オーブンを180℃に予熱する。

作り方
1　ボウルにサワークリームと粉砂糖とはちみつを入れ、ゴムべらですり混ぜる。
2　卵を溶き、**1**に少しずつ加え、泡立て器でそのつどなじませる。
3　薄力粉とベーキングパウダーをふるい入れ、ゴムべらでさっくりと混ぜる。
4　溶かしバターを加え、つやが出るまで混ぜる。レモンの皮と果汁を加え、混ぜる。
5　型に流し入れ、180℃のオーブンで40分ほど焼く。
6　アイシングを用意する。粉砂糖にレモン果汁を少しずつ加えて練り混ぜる。
7　**5**は型からはずし、粗熱が取れたら**6**を全体にかける。

C

Chocolat

ショコラ／チョコレート

パリにはたくさんのショコラティエがあります。ボンボン・オ・ショコラの上掛けのチョコレートがごくごく薄いのはフランスメイドの特徴。小ぶりなものが多く、どの国のものより繊細な気がします。

パリで飲むショコラ・ショーはココアのことではなく、本当にチョコレートを溶かしているから、ドロドロで、冷めてくると固まります（私の胃の中でも固まっているのかな、なんて怖くなったりもしますが……）。

パリでは、学生時代は「ジャン＝ポール・エヴァン」。今は「ジャック・ジュナン」でショコラ・ショーを飲むことが多いです。ジュナンでは、紅茶も素敵（昔は購入できたのですが、今は販売していません。ちなみにプラス・モンジュにある「メゾン・ド・トワ・テ」のオリジナルブレンド）で、コーヒーや紅茶を頼むと必ずボンボンを一緒に出してくれるし、タルトも絶品。濃厚なショコラ・ショーを頼むとお腹がいっぱいになってしまうので、ほかのものは頼めません。選択がいつも悩ましいのです。思い切ってショコラ・ショーを頼むなら、もう覚悟を決めてホイップクリームつきに！　ヴァニラビーンズがたっぷり入った芳しいクリームですから。

もうひとつ気に入っているのはバスク地方・バイヨンヌの「ショコラ・カズナーヴ」の「ショコラ・ムスー（泡立てられた、という意味）」。ふわふわ、ムクムクとカップからあふれんばかりのショコラ。お供には塩気のある薄いバタートーストがお決まりで、ちょっとくせになる組み合わせなのです。

♛ ショコラ・ショーを飲みに行くお店
ジャック・ジュナン（Jacques Genin）→ P.155
ジャン＝ポール・エヴァン サントノレ店（Jean-Paul Hévin Paris Saint-Honoré）→ P.155
ショコラ・カズナーヴ（Chocolat Cazenave）→ P.154

RECETTE 07

カズナーヴ風 ショコラ・ショー

（2杯分）鍋に牛乳50mℓを入れて沸騰させ、刻んだチョコレート50gを加えてしっかり混ぜ溶かす。温めた牛乳150mℓを少しずつ加えてのばし、ゆっくり温めながら泡立て器やミルクフォーマーで泡立てる。好みで砂糖を加えても。

Choux

シュー

シューとはフランス語でキャベツのこと。「シュー・ア・ラ・クレーム」はフランス生まれのお菓子ですが、パリのお菓子屋さんでその姿を見かけることはほとんどありませんでした。お店にあるのはサランボ、ルリジューズ、エクレール……上にフォンダンという砂糖衣がたっぷりのっかった甘いシュー菓子、そして、パン屋さんで量り売りしてくれるシュケットたち。

ところが、フィリップ・コンティチーニさんが開いた「ラ・パティスリー・デ・レーヴ」が、その場でシューにクリームを詰めるサービスを始め、「ポペリーニ」やアラン・デュカスさんがプロデュースした「シュー・ダン・フェール」といった専門店もできました。進化したエクレールの専門店「レクレール・ドゥ・ジェニ」もできたりと、シュー菓子がちょっとア・ラ・モードに。日本からの逆輸入かしら？と思ったりしています。

でも、シュークリームはやっぱり日本のケーキ屋さんのものの方が好きです。「オーボンヴュータン」のしっかり焼ききったシュー皮も、「銀座ウエスト」のふわんふわんのシュー皮も、どちらも、食べたくてもフランスではなかなか食べられないものです。

パリで食べたいのはシュケット。カリカリのあられ糖がのったシンプルなお菓子です。量り売りを袋に詰めてもらえば、気楽な街歩きのおともになります。

家で作るときは、シューはそんなに少量では作れませんから、シュケットと一緒に、あられ糖をのせないシンプルなシューもついでに少し焼いて冷凍しておきます。そうすれば、カスタード（P.016 **1～4**）さえ炊けば、軽くリベイクして詰めるだけで、シュー・ア・ラ・クレームを気軽に作れます。

左上：「ラ・パティスリー・デ・レーヴ」では、好きなクリームを詰めてもらえます。右上：専門店「レクレール・ドゥ・ジェニ」のエクレアは信じられないほど精巧なルックス。左下：シュー専門店「ポペリーニ」にはさまざまなプチシューがずらり。左下：同じく「ポペリーニ」のノエルのデコレーションは小さなシューのツリーでした。

♕ 話題のシュー菓子専門店

ポペリーニ（Popelini）→ P.157

シュー・ダン・フェール（Choux D'enfer）→ P.154

レクレール・ドゥ・ジェニ（L'Éclair de Génie）→ P.156

♕ シュー菓子が美味しいお店

ラ・パティスリー・デ・レーヴ（La Pâtisserie des Rêves）→ P.155

街歩きのおともシュケット

材料（直径約3*cm*　約30個分）
バター　25*g*
水　40*mℓ*
牛乳　大さじ1½
グラニュー糖　大さじ½
塩　1*g*（小さじ¼弱）
薄力粉　40*g*
卵　1～2個
グラニュー糖　大さじ½
あられ糖（またはざらめ糖）　適量

下準備
・天板にクッキングシートを敷き込む。
・薄力粉をふるう。
・オーブンを200℃に予熱する。

作り方
1　バターはサイコロ状に切る。バター、水、牛乳、グラニュー糖、塩を鍋に入れて中火にかける。
2　しっかり沸騰したら火を止め、ふるった薄力粉を一気に入れ、再度中火にかけてよく練る。
3　生地がひとつのかたまりになって、鍋からつるんとはがれるようになり、さらに鍋底にうっすら膜が張るようになったら火を止める。
4　ボウルに入れ、溶いた卵を少しずつ加え、木べらですくうとゆっくり落ちるくらいの固さに調節する。
5　直径1*cm*の丸型しぼり口金をつけたしぼり袋に入れ、天板の上に直径2*cm*くらいになるようしぼり出す。
6　残った卵液（または水少々）をさっと塗り、表面を整え、グラニュー糖とあられ糖を散らす。
7　200℃のオーブンで15分、160℃に下げて15～20分焼く。

C

Confiture

コンフィチュール／ジャム

パリを初めて訪れたのは大学生のときでした。ホームステイ先で目覚めると、家の人たちはもう出かけていて、カフェ・オ・レとバゲット、そしてコンフィチュールの瓶が3つ並んでいました。

今でも覚えています。どれにしようかと開けた洋なしのコンフィチュール。すくうと半透明の果肉の合間に黒いつぶつぶのヴァニラビーンズが！ 甘く柔らかく、洋なしとヴァニラの香りが広がります。ヨーグルトに入れたら洒落たデザートみたい！ パンに塗って食べたら上等なタルトみたい！ あまりに興奮し、その日のうちにスーパーで同じものを購入。ごくごく庶民的な、別にお洒落でもないラベルのコンフィチュール。フランスって、スーパーのコンフィチュールがこんなに美味しいのか！ 最初のパリ訪問はそんなカルチャーショックから始まったのでした。

もうひとつ忘れられないのは、フランスの友人のおばあちゃんが作るもの。どれもうっすら茶色く色づいていて、なんともいえないコクがあります。「お砂糖はカソナード（ブラウンシュガー）？」と尋ねても答えはノン。「シンプルに煮ているだけ。何も秘密はないわよ」と言われてしまいました。

何年も経って、バスクで黒いチェリーのコンフィチュールの作り方を聞いているときに、はっとしました。大鍋で長時間煮続けている間にたっぷり入れた砂糖が底の方で少し焦げ、自然なキャラメルフレーバーになるとのこと。おばあちゃんも大鍋で大量に、じっくり時間をかけて煮ていたのでしょう。そのうちにキャラメルのような香ばしさがプラスされたに違いありません。

おばあちゃんのコンフィチュールは、家族全員におすそ分けするためのもの。たっぷり穫れた旬の果物を一気にじっくり煮込む。水分の多い日本の果物の水けを飛ばすように、生で食べたときの美味しい印象が残るように、と私がささっと作るジャムとは全く別物。しっかりと砂糖を加えても負けない、フランスの濃い果物だからこその味だったんだ、と謎が解けた気がしました。

そして、コンフィチュールといえば素晴らしい作り手であるクリスティーヌ・フェルベールさん。ニーデルモルシュヴィルの工房を見学したとき、自信作よ、とプレゼントしてくれたのは、ニワトコの花が入ったオレンジマーマレード。瓶の向こうに小花が透けて見え、口に入れると香りがほのかにします。こちらはぐっと洗練されていて、小さな瓶の中にいろんな香りのマリアージュがありました。それだけでも美味しい果物に、さらに何かをプラスする。美味しさを貪欲に追求する姿勢が表れた、まさにプロフェッショナルなひと瓶でした。

フランスでキッチンがあるところに泊まるときは、マルシェで美味しそうな果物を見つけては甘さ控えめに煮て、写真のように保存袋に入れて冷凍したものを持って帰ります。帰ってからお砂糖を加えて煮なおしてもいいし、そのままあっさりした果物のピュレソースとして、アイスクリームなどにかけても美味しいです。

♛ フェルベールさんのコンフィチュールが買えるお店
ル・ボン・マルシェ（Le Bon Marché）→ P.156
ギャラリー・ラファイエット（Galeries Lafayette）→ P.155

ルバーブといちごのコンフィチュール

（作りやすい分量）ルバーブ 350gは幅 3cmに切り、いちご 200gはへたを除く。鍋に入れてグラニュー糖 160 ～ 220g（ルバーブといちご合計の 30 ～ 40%）をまぶし、15分ほどおく。中火にかけ、レモン果汁 ½個分を加え、ときどき混ぜながら 15分ほど煮詰める。

杏仁風味のアプリコットコンフィチュール

（作りやすい分量）杏 500gは半分に割り、へたを除いて種を取り出す。種を 5 ～ 6粒割り、中の杏仁を取り出す。鍋に杏の実を入れ、グラニュー糖 150~200g（杏の 30 ～ 40%）をまぶし、15分ほどおく。その間に、小鍋に杏仁、グラニュー糖 50g、水 100mℓを入れて 5分ほど煮てシロップを作る。シロップを杏の鍋に加え、ときどき混ぜながら中火で 15分ほど煮詰める。

Dessert

デセール／デザート

パリのレストランでデザートを作るのはなかなか楽しい仕事でした。出してから10分後にはお客様の口に入るのですから。ふわふわにふくらんだスフレ、今にもとろけそうなアイスクリーム、焼きたてでカリカリのチュイル。パティスリーでの仕事とはまた違う魅力や緊張感があります。

レシピはごくシンプルで作るのも難しくなかったけれど、一番美味しい瞬間を食べてもらうためには、タイミングが問われます。食事の最後の最後ですから、サービススタッフ、料理人たちとのチームワークも大切です。

パリのレストランでの仕事は賄いもシンプルながらとびきり美味しく、意地悪な人もいなくて（シェフ夫妻とスーシェフの人柄かもしれませんが）、労働環境も整っていて、思ったより随分と楽だった気がします。

そんなレストランで一度だけ静かに怒られたことがありました。私が作ったチェリーのデザート。完食されたスープ皿は通常の洗い場ではなく、私の目の前に戻ってきたのです。いえ、完食ではありませんでした。お皿に残されたひと粒の種……それだけで十分でした。

今でもチェリーの種を取るのが苦手で、四方八方に飛び散って、キッチンが殺人現場みたいになることも。そして、チェリーの種を取る作業をするたびに、あのお皿を思い出し、ちょっと悲しくなってしまう私です。

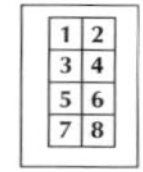

♛ デセールにも注目のレストラン

1.「セプティム（Septime／P.157）」で食べたチェリーのソルベ、フレッシュアーモンド添え。 **2.**メロンのソルベとクリームを重ねたデセールはイタリアン「パッセリーニ（Passerini／P.156）」で。 **3.**カカオのデセールはダビド・トゥタンシェフ時代の「アガペ・シュプスタンス（Agapé Substance／閉店）」。 **4.**「アルページュ（Arpège／P.154）」のリュバーブのミルフィーユ。 **5.**同じくミニャルディーズ。 **6.**杏のはちみつソテーとカリカリのグラノーラの組み合わせ。1の「セプティム」にて。 **7.**アルゼンチン出身女性シェフがいる「ル・バラタン（Le Baratin／P.156）」の典型的ビストロデザート。 **8.**「パッサージュ53（Passage 53／P.156）」のりんごのムース。

RECETTE 11

チェリーとピスタチオのデセール

材料（1人分）

チェリーのシロップ煮（作りやすい分量）

- グラニュー糖　300g
- 水 100mℓ
- 冷凍サワーチェリー（グリオット）　300g

ピスタチオのアイスクリーム

- ピスタチオペースト　小さじ2〜大さじ1
- はちみつ（または水あめ）　小さじ1
- 生クリーム（またはアーモンドミルク）　50mℓ
- ヴァニラアイスクリーム　小1パック

砕いたピスタチオ　適量
粗挽き黒胡椒　適量

作り方

1　チェリーのシロップ煮を作る。小鍋にグラニュー糖と水を入れて中火にかけ、沸騰したら冷凍サワーチェリー100gを解凍せずに入れ、5分ほど煮る。

2　さらに残りの冷凍サワーチェリーを解凍せずに加え、すぐに火を止める（保存瓶に入れて保存可能）。

3　ピスタチオアイスクリームを作る。ピスタチオペーストとはちみつを練り混ぜる。

4　生クリームを温め、**3**に少しずつ混ぜる。

5　ヴァニラアイスクリームに混ぜ込む。柔らかければ冷凍庫で冷やし固める。

6　器にチェリーのシロップ煮を盛り、温めたスプーンで**5**を盛りつける。ピスタチオを散らし、胡椒をふる。

＊シロップ煮は、フレッシュサワーチェリーが手に入れば、全ての材料を混ぜて10分煮て、煮汁の中で冷まします。
＊冷凍サワーチェリーを2回に分けて入れるのは、前半はシロップに味を移すため、後半は果肉を味わうため。
＊ピスタチオペーストは、シチリア産のものがおすすめ。イタリア食材店などで購入できます。

D

Diplomate

《ディプロマット》

製菓学校では、学食のお昼のデザートを週に何回か、私たちのクラスで受け持っていました。商工会議所が運営している技術系専門学校で、フード関係の生徒だけでも約600人、10種類以上の職人コースがあったので、かなりの規模です。私たち1クラスでその人数分作るのは大変。凝ったケーキも勉強のために何台か作りましたが、生徒数分をまかなうことができません。

そんなときは、数合わせに「ディプロマット」と呼ばれるパンプディングの出番です。パンといっても、私たちが焼いていたのはヴィエノワズリーと呼ばれるお菓子に近いブリオッシュやクロワッサン。数日間、冷凍庫に溜め込んでいたものを漁ってカットし、ついでに細切れのスポンジやらアーモンドケーキやら、冷凍庫の残り物が全部入って、もしや、当たるところによって味が違うんでは……という闇鍋的なお菓子です。

そこに先生が惜しみなく投入するラム酒にたっぷりひたったレーズン、ナッツ、気が向いたらオレンジフラワーウォーターやチョコレートなども入って、考えようによっては、贅沢なひと品だったと思います。でも、クラスメートのジャン＝フィリップは、「僕は絶対にディプロマットは選ばない！なにが入ってるかわかんないよ！」と言っていて、実は私も、それにつられ、学校のディプロマットを食べないまま卒業してしまいました。

今でも、下町の庶民的なケーキ屋さんに行くと値段の割に大きな卵色のケーキを見かけます。それがディプロマット。

パリのお菓子屋さんには、こういうリサイクル的なお菓子がけっこうあります。手間と材料をプラスして逆に贅沢な味わいになっているのが面白い。今思うと、どんなものでも絶対捨てない、そういう店の精神を学校で教わっていたんだと思います。あのときの自分は自分たちが作ったいろんなものが入ったディプロマットを食べたらどう感じたのかな。ジャン＝フィリップに流されることなく、食べてみればよかった、と、ちょっと後悔しています。

カステラのディプロマット

材料（20×10×6cmのグラタン皿 1台分）
カステラ　4切れ
ラムレーズン（P.120）やドライフルーツ　大さじ2
卵　2個
牛乳　200mℓ
生クリーム　50mℓ
（または牛乳だけで250mℓ）
ヴァニラビーンズ　½本

下準備
・グラタン皿にバター（分量外）を薄く塗る。
・ヴァニラビーンズは縦に割き、ナイフなどで種をこそげて取り出す。
・オーブンを170℃に予熱する。

作り方
1　カステラは大きければ切り、ラムレーズンと一緒にグラタン皿に入れる。
2　ボウルに卵を割り入れてよく溶きほぐす。
3　小鍋に牛乳とヴァニラビーンズをさやごと入れて温め、**2**に加えて混ぜ、**1**にこし入れる。
4　天板に湯を張り、**3**をのせ、170℃のオーブンで40分ほど湯せん焼きにする。

＊残り物のパンやお菓子、ドライフルーツなど、お好きなものを入れてみて。
カステラは甘くて卵も多いため、ここでは砂糖を加えていませんが、
パンやフィンガービスケットを使う場合はグラニュー糖などを加減しながら加えてください。

Épicerie

エピスリー／スパイス屋、食料品店

エピスリーのエピスはスパイスのこと。エピスリーはスパイス以外にも食料品を取り扱うお店を指します。

パリのエピスリーでまず思い出すのはマレの「イズラエル」。突き当たりのレジに至るまでの両脇に、所狭しと置かれる食材。床にどーんと置かれた麻袋にはドライフルーツ、いろんなオリーブのマリネ、雑穀、壁の棚には瓶に詰まった美味しいものが迫ってくるよう。世界各国のスパイスも揃い、レジの左脇に吊るされているオリジナルのスパイスミックスは、彩りも綺麗なのでお土産にもおすすめです。店全体にハリー・ポッターに出てきそうな古めかしさがあり、一見、昔ながらのものばかり置いてあるように見えるけれど、私の好きなニースのオリーブオイルも、柚子胡椒も、バスクの唐辛子ペーストも、タヒチのヴァニラだってあります。おふたりはまだまだ現役。たまに勘定を間違えるのもご愛嬌です（でも、チェックは忘れずに！）。

ミシュランの星付きシェフのお店「エピス・ロランジェ」も滞在中に必ず行くお店。シックな棚にたくさんのオリジナルスパイスミックスが並べられ、テスターもあり、マダムたちが黒づくめのスタッフと相談している様子は高級パフュームリーのよう。私の最近のお気に入りはひと振りするだけでエキゾチックな奥行きが出る「グラン・カルナヴァン」。それからしっかりとした缶に入ったサブレもとても美味しいので、あれば必ず購入します。

そして、エピスリーで忘れてはいけないのは左岸にあるデパート「ル・ボン・マルシェ」の食品館「ラ・グランド・エピスリー」。野菜・果物、バター、ハム、調味料……なんでもあります。軽くつまめる素敵なオイスターバー、トリュフバーまであるのはさすがです。「メール」のゴーフルなどのパティスリーのお土産も充実しているので、行けなかったお店のものが見つかるかもしれません。オリジナルのレシピブックやバッグもあり、ちょっと値段は高いけど、陳列を見るだけでも楽しいところ。私の学校はここからすぐの場所にあったので、入試が終わった帰り道、持てないくらい買い物をして、「ああ、入学したら毎日だってここで買い物できるんだわ！」とワクワク。実際には高すぎて毎日の買い物は無理でしたが、冷やかすだけでも楽しかった。

そんなわけでデパートの食品売り場はぶっちぎり「ル・ボン・マルシェ」！が良かったのですが、最近は「ギャラリー・ラファイエット」も充実しています。1階にはアラン・デュカスさんのショコラティエ。「マイユ」ではマドレーヌ店同様、季節限定のマスタードを量り売りしてくれます。地下には大好きなシャルキュトリー「メゾン・ヴェロ」が。学校の近所にあった本店は、狭い店内で、左右に分かれて店員を見つけ、欲しいものを指差しながらグラムを言い、合計金額のチケットをもらって真ん中のレジに並ぶ。支払ってハンコをもらったらまたさっきの店員を探す、という旅行者には大変ハードルの高いお店。やや品数は少なくとも「ラファイエット」にできて、さらにはいつも空いていてとても嬉しいのです。そして、2018年、お隣の「プランタン」メンズ館にも食品コーナーがオープン。こちらも大充実のようで、忙しい旅行者のとっておきアドレスになりそうです。

♕ 各国の味が揃う食料品店へ
イズラエル（Izraël）→ P.155
エピス・ロランジェ（Épices Roellinger）→ P.155
ヴェラン（Velan）→ P.157
ル・ボン・マルシェ（Le Bon Marché）→ P.156
ギャラリー・ラファイエット
（Galeries Lafayette）→ P.155
プランタン（Printemps）→ P.157

Fleurs

フルール／花

左上：「ボントン」のレモンタルトはブルエがポイントに。右上：こちらが「カール・マルレッティ」の「リリーバレー」。バイオレットのグラデーションが綺麗。左下：エルダーフラワーをあしらった「デ・ガトー・エ・デュ・パン」のルバーブのタルト。右下：こちらも「ボントン」。大きいサイズのフルーツタルトにもお花が。

フランスではときどきお花を使ったお菓子に遭遇します。見た目の可愛らしさだけではなく、味、香りとして一役買っています。一番有名なのは、「ピエール・エルメ」のイスパハンでしょうか。ライチとバラ、フランボワーズという、バラ科を畳み掛けるように組み合わせたこのお菓子は美しいだけでなく、香りも味も素晴らしく、エルメさんの「ラデュレ」時代からの代表作。

ほかに私が好きなのは「カール・マルレッティ」の「リリーバレー」。すみれで香りづけをしたシュー菓子です。このお菓子はカールさんの奥様の名前がつけられていて、なんともロマンティック。シューとベリー、すみれの味が可憐な組み合わせですが、さらにいうと、土台に美味しいパイ生地があるのも気に入っています。ひとつでいろんな食感と味わいが楽しめる、とても満足感のあるお菓子なのです。

ほかにもブルエという、その名の通りブルーのお花もお菓子作りによく使われます。ブルーベリーやレモンと合わせることが多くハーブの一種として売られているようです。

そして、南仏ではなんといってもオレンジフラワーウォーター。果実とはまた違う、華やかですがすがしい香りがはっきりと残ります。これがないと物足りないお菓子はたくさん！ カリソン、トロペジェンヌ、ブーニュ……シンプルな焼き菓子でも、オレンジフラワーウォーターのおかげで、口に含むたびに南仏の風が吹くような、そんなお菓子になります。

お花の香りはスパイスと同じようでやはりどこか違う。お菓子を軽やかに、華やかに、ときに激しく変えてしまいます。なかなか難しいのですが、パッと決まったときはとても素敵。お菓子に立体感が生まれ、とても印象深くなります。

最近では日本でもインターネットなどでさまざまな食用の花を買うことができ、割と気軽に使えるようになりました。砂糖がけにして乾燥させれば日持ちもしますし、シンプルなお菓子の可愛いアクセントになります。

ただ、もともとフランス菓子では、お菓子に使っている材料以外をデコレーションにすることはあまりありません。例えば「エルメ」のイスパハンの花びらは、バラの香りのお菓子だから飾ってあるんですね。つまり、パリのパティスリーに並ぶケーキのデコレーションは、美しいだけでなく、その下に隠れているケーキの味を私たちに教えてくれる役目を果たしているのです。

左：カール・マルレッティさんからいただいたすみれの砂糖漬け（写真奥）とパッサージュ・ブラディのインド食材店で見つけたブルエ（同手前）。右：オレンジフラワーウォーターの小瓶は「ル・ボン・マルシェ」で。製菓材料専門店だと1ℓサイズといった大きいものしかないので、デパートなどで買うのがおすすめです。

♛ 花のお菓子と出合えるお店
ピエール・エルメ　ボナパルト店（Pierre Hermé Bonaparte）→ P.157
カール・マルレッティ（Carl Marletti）→ P.154
ボントン（Bontemps）→ P.154
デ・ガトー・エ・デュ・パン（Des Gâteaux et du Pain）→ P.154

RECETTE 13

花びらの砂糖漬け

卵白1個分に水を少々加え、コシを切るように混ぜる。食用花にはけで塗り、グラニュー糖適量をまぶして1日乾かす。冷蔵庫で1カ月ほど保存可能。

F

Fromage

フロマージュ／チーズ

フランス人にとってフロマージュは食事の終わりにいただくもの。デザートの前に食べる人、デザートを取らないでフロマージュだけを食べる人もいますが、甘いものとフロマージュは別物です。なので、「チーズケーキ」というものは私が住んでいたところ、フランスのパティスリーでもレストランでも見ることはありませんでした。ところが、アメリカンな食べ物が軽くブームなパリでは今、ちょっと状況が変わってきて、N.Y.チーズケーキっぽいものがそのまま英語名で「チーズケーキ」として売られていたり、ふわふわのスフレチーズケーキが「チーズケーキ・ジャポネ」と売られていて驚きます。

私がフランスで食べて美味しい！と思った"甘い"チーズは、フォンテーヌブローと呼ばれるフロマージュブランとホイップクリームを合わせた軽いレアチーズのようなもの（甘酸っぱいベリーのソースが定番でスーパーのフロマージュブランコーナーにもあります）や、フランスのバスク地方でいただいた、表面が黒く、フルフルと柔らかなチーズケーキ。

それから、バスクのオッソイラティと黒さくらんぼのジャムの組み合わせ！　こちらは「ところ変われば」で、スペインでは「マンチェゴ」というチーズにカリン（*Coing*（コワン））のゼリーを合わせるのですが、どちらも舌の上で凝縮した旨みが爆発する感じ。最高に美味しい！　個性の強いチーズと甘いものの組み合わせは、どこまでも食べられそうで危険です。

フランスでは、スーパーでも量り売りのお肉コーナーなどと一緒にチーズ売り場と別の、きちんとしたチーズコーナーがあったりします。でも、せっかくフランスに行ったなら、ちゃんとしたフロマージュリーで買いたいところ。きちんと熟成させた食べ頃のものを選んでくれます。お持ち帰りも「日本に持って帰るの？」と聞いてくれて真空パック（*Sous vide*（スーヴィド））にしてくれるところが多いです。そういえばミモレットやボーフォール、コンテといったハードチーズは調理せずにそのまま食べられるので、納豆や豆腐に代わる私の留学時代の大切なタンパク源でした。このあたりもお土産におすすめですが、冬場なら日本ではかなり高価なモンドールもいいですね。オーブンに丸ごと入れて、とろけたところをパンや野菜につけていただきます。

また、トリュフをサンドした柔らかいブリーを見つけたら是非召し上がってもらいたいです。柔らかくてミルキーなブリーを口に含むと、トリュフの香りがふわり。とびきりの美味しさで、私の最近のお気に入り。

♛ チーズを買いに出掛けるお店
キャトルオム（Quatrehomme）→ P.157
タカ＆ヴェルモ（Taka & Vermo）→ P.157

RECETTE 14

チーズケーキ・ジャポネ

材料（直径15cmの丸型 1台分）

牛乳　100mℓ
クリームチーズ　120g
コーンスターチ　10g
薄力粉　15g
グラニュー糖　60g
レモン果汁　小さじ1
レモンの皮（すりおろし）½個分
卵　2個

下準備

・クリームチーズは室温に戻す。　・卵は卵黄と卵白に分ける。
・型にクッキングシートを敷き込み（ふくらむので1〜2cm上まで）、バター（分量外）を薄く塗る。底が抜けるタイプなら外側をアルミホイルで覆う。

作り方

1　小鍋に牛乳を入れて沸騰直前まで温める。
2　ボウルにクリームチーズを入れ、**1**を少しずつ注ぎ、そのつどよく混ぜる。もしだまになったら電子レンジで10秒ほど加熱する。
3　大きめのボウルにコーンスターチ、薄力粉、グラニュー糖20gを入れ、泡立て器で混ぜる。
4　**2**を少しずつ注ぎ、そのつど混ぜ、レモン果汁、レモンの皮、卵黄を加えて混ぜる。
5　別のボウルに卵白を入れて泡立て、白っぽくなってきたら残りのグラニュー糖を少しずつ加える。つのが立ってすーっとおじぎするくらいのメレンゲにする。
6　**4**に⅓量の**5**を入れて泡立て器でしっかり混ぜ、残りを加えて、ゴムべらでさっくりと混ぜる。型に流し込む。
7　天板に湯を張り、140℃で1時間、180℃に上げて5分ほど焼く。表面にひびを入れたくない場合は温度を上げる前にアルミホイルで覆う。

F

Fruits

フリュイ／フルーツ

フランスらしいお菓子といわれて、真っ先に思い浮かぶのがフルーツタルト。果物がちょっと焦げてるくらいの焼きっぱなしのもの。お菓子留学をしていた頃は特に好きでもなかったのに、最近フランスに行くとしみじみ美味しいなと思うのです。

バターと粉の旨みももちろんフランスならでは、なのですが、フランスの果物はタルトにするためにあるかのよう。酸味と香りがはっきりとしていて、よくも悪くも水っぽくないのでバターを大量に使うお菓子でも脇役になりません。だからタルトはフランスのフルーツのベストな食べ方のように思うのです。

焼いているときに抜け出る果汁はクレーム・ダマンドが受け止めてくれます。焼きたてのタルト生地はまだ果汁がしみ込み切らないのでサクサクとして香ばしく、フルーツはとろり。その相性を口の中で確かめていく楽しさがあります。一方、日が経つとフルーツ、バター、アーモンド……すべての素材が渾然一体となり、また違った質感と味わいになっていき、それもまた魅力のひとつです。

日本で作るなら、秋冬は皮つきぶどう、紅玉、洋なし。夏は杏とネクタリンが好き。あまり水分が出ず、酸味か香りが強い果物が向いています。タルト生地を型なしでのばし、フルーツをのせて焼くだけなら、大して難しいお菓子ではなく、クレーム・ダマンドも、タルト生地も冷凍しておけます。気軽に季節折々で試してみてほしいお菓子です。

季節のフルーツタルト（杏／りんご）

材料（直径約20cmのタルト型 1台分）

生地

- バター　75g
- 粉砂糖　30g
- 卵液　½個分
- 薄力粉（エクリーチュール、クーヘン）　140g

クレーム・ダマンド　P.008の半量

薄力粉　小さじ¼

杏のタルト

- 杏　10粒
- グラニュー糖　大さじ2
- タイム　少々

りんごのタルト

- りんご（紅玉）　½個
- グラニュー糖　大さじ2

下準備

・バターは室温に戻す。

・天板にクッキングシートを敷き込む。

作り方

1　タルト生地を作る。ボウルにバターと粉砂糖を入れ、ゴムべらですり混ぜる。卵液を加えてしっかり混ぜる。さらに薄力粉を加え、粉けがなくなるまでさっくりと混ぜる。

2　まとまったらラップでふわっと包み、ラップの上からめん棒で直径15cmほどの円形にのばし、冷蔵庫で30分以上冷やす。

3　クレーム・ダマンドと薄力粉をよく混ぜる。

4　杏は半分に割って種を除き、8等分のくし形切りにする。りんごは皮をむいて種を除き、くし形に切って、さらに薄くスライスする。

5　打ち粉（薄力粉、分量外）をし、**2**を直径22～24cmほどの円形にのばす（べたつくようなら冷凍庫で10分ほど休ませる）。オーブンを180℃に予熱する。

6　ふちを残して**3**を塗り、ふちを1～2cm立ち上げ、内側に折り込む。杏、またはりんごを外側から並べ、グラニュー糖をふる。杏にはタイムを散らす。

7　天板にのせ、180℃のオーブンで30分ほど焼く。冷めたら好みで粉砂糖をふる。

Galette

ガレット

小麦粉で作るクレープに対してそば粉で作るものを「ガレット」といい、主に主食として食べます。ブルターニュ地方の名物だからか、ブルターニュ方面に向かう発着点であるパリ・モンパルナスの駅あたりにはクレープリーがいくつもあります。ブルターニュに住んでいる友人によると、ブルターニュといっても東はそば粉、塩、水だけ。西は卵やバターを加えるのだそう。どちらもひと晩寝かしてから焼き上げます（すぐに焼くと生地の伸びが悪く、薄くできないのではないかなと思います）。

彼女が最高に美味しいというクロードおじさんのガレットは、東派。シンプルな生地にひとさじのはちみつを入れるのだそう。といっても、そば粉1キロに対して小さじ1杯だそうですから味にはほとんど影響がないのかもしれません。でも「今回も美味しいガレットができますように」と心を込めてひとさじ入れるのだそうです。なんだかグッと美味しくなりそうな気がしませんか？

ガレットでよくある組み合わせはトマトや卵、シャンピニオンのソテー、ベーコンなどでしょうか。そこにほんの少し濃厚なクリームとカイエンヌペッパーを落とすのがおすすめです。また、ブルターニュでは、ホットドッグさながらに、粗挽きソーセージに生地を巻いた「ガレット・ソシス（ソーセージ）」を歩きながら食べたりもします。甘いものは小麦粉で作るクレープのほうが好まれますが、ガレットでもキャラメルクリームやマロンと合わせたら美味しいかなと思います。

パリでは、どのスーパーにもクレープやガレットの皮（？）は冷蔵パックで売っており、それに好きなものをのせて焼けば簡単なランチになります。この場合、皮の質はあまり関係がないのかもしれません。日本でいうところの食パン、冷凍うどんのような気軽なものなのではないでしょうか。

パリでのおすすめは「ラヴァン・コントワール」というバールのガレット。美味しいし、通しでやっているのでいつでも行けて便利です。

左：ブルターニュのクロードおじさんが作るとびきりのガレット。地元の粉を昔ながらの製粉法で挽いたそば粉は香ばしさが違いました。中：日本でも買えるようになった「ピカール」の冷凍ガレットはお昼ごはんに便利。右：「ラヴァン・コントワール」のガレットはボリュームたっぷりで、遅いランチにぴったりです。

♕ ガレットを目当てに行くバール
ラヴァン・コントワール　(L'Avant-Comptoir) → P.156

G

Galette des rois

ガレット・デ・ロワ

フランスはキリスト教の国らしく、キリスト教の行事にちなんだお菓子が季節ごとにあります。代表的なのはガレット・デ・ロワ。中にフェーブ（豆、の意味から今では小さな陶器のおもちゃ）が入っていたら1日だけ王様になれる、という、新年のパーティにぴったりのお菓子です。

折込みパイ生地にアーモンドクリームという、8割バターでできてるといっても過言ではないこのお菓子は、美味しいけれど、胃にずっしりときます。だからでしょうか、最近では、どのお店も食後感を軽くするための工夫をこらし、パリでもいろんなパティスリーでちょっと変わったガレットを見ることができます。

例えば、ある年の「カフェ・プーシキン」はベルガモット風味、「デ・ガトー・エ・デュ・パン」はすみれとカシス、「カール・マルレッティ」は真四角で、全部ショコラ味です。また、南仏では折込みパイではなくブリオッシュ生地にフルーツのコンフィがのっていますが、こちらもパリで見かけるようになりました。

陶器でできたフェーブもコレクターがいるのがよくわかるくらい、精巧で楽しいものがたくさん。別売アイテムとして売っているところもあります。ハイシーズンになると、大きなガレットだけでなくひとり、ふたり暮らし用の小さなサイズのガレットも売られていますが、こちらは残念ながらフェーブはなし。それに、どうしたって大きなお菓子を小さくすれば、クリームとパイの比率が変わってきますから、大きい方が美味しいのです。だから、このシーズンにパリ入りするときは必ず友人の家に泊まり、子どもたちと分け合うようにしています。面白いことにいろんな風味をつけた凝ったガレット・デ・ロワよりも、しっかりとアーモンドの香りがする美味しいパン屋さ

んの伝統的なガレットの方が子どもたちには人気があるようです。

本体の消費は子どもたちで助かるとして、問題はフェーブ。ただでさえ兄弟喧嘩のもとだというのに、オトナ気なく子どもたちとフェーブを巡って争い、そして負けた私は、翌年日本からフェーブを持参し、いくつも入れるという作戦に出ました。子どもたちはニコニコ。手元に残ったそのお菓子屋さんのフェーブはこっそり私のコレクションにさせてもらったのです。が、先日、パリで久々に子どもたちと会ったとき、「ねえ、ヨーコ。この前、ガレット・デ・ロワにフェーブをたくさん入れたのヨーコでしょ。僕、わかってたんだよ。だってガレットにフェーブはひとつだもん！ でも、黙っておいてあげたよ」と長男に大人っぽく言われてしまいました。なんだか次回は、この作戦では無理そうです。

♛ 個性豊かなガレット・デ・ロワがあるお店
カフェ・プーシキン（Café Pouchkine）→ P.154
デ・ガトー・エ・デュ・パン（Des Gâteaux et du Pain）→ P.154
カール・マルレッティ（Carl Marletti）→ P.154

♛ シンプルなガレット・デ・ロワがおすすめ
デュ・パン・エ・デジデ（Du Pain et des Idées）→ P.154
ヴァンデルメルシュ（Vandermeersch）→ P.157

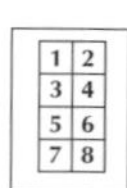

1.「ヴァンデルメルシュ」はオーソドックスなタイプ。ふたり用もある。 **2.**「デュ・パン・エ・デジデ」はシンプルな美味しさ。 **3.**「デ・ガトー・エ・デュ・パン」のカシス・ヴィオレはすみれとカシスの香り。 **4.**老舗「ストレー」のオーソドックスなもの。季節になると道にせり出して販売。 **5&6.**パン屋さん「ポワラーヌ」では、オーソドックスなタイプのほか、中にクリームが入っていないものも(**6**)。少しだけ小さくて、値段も手頃です。**7.**ある年の「カフェ・プーシキン」ではベルガモット風味を。**8.**南仏風でブリオッシュ生地にフルーツコンフィが。

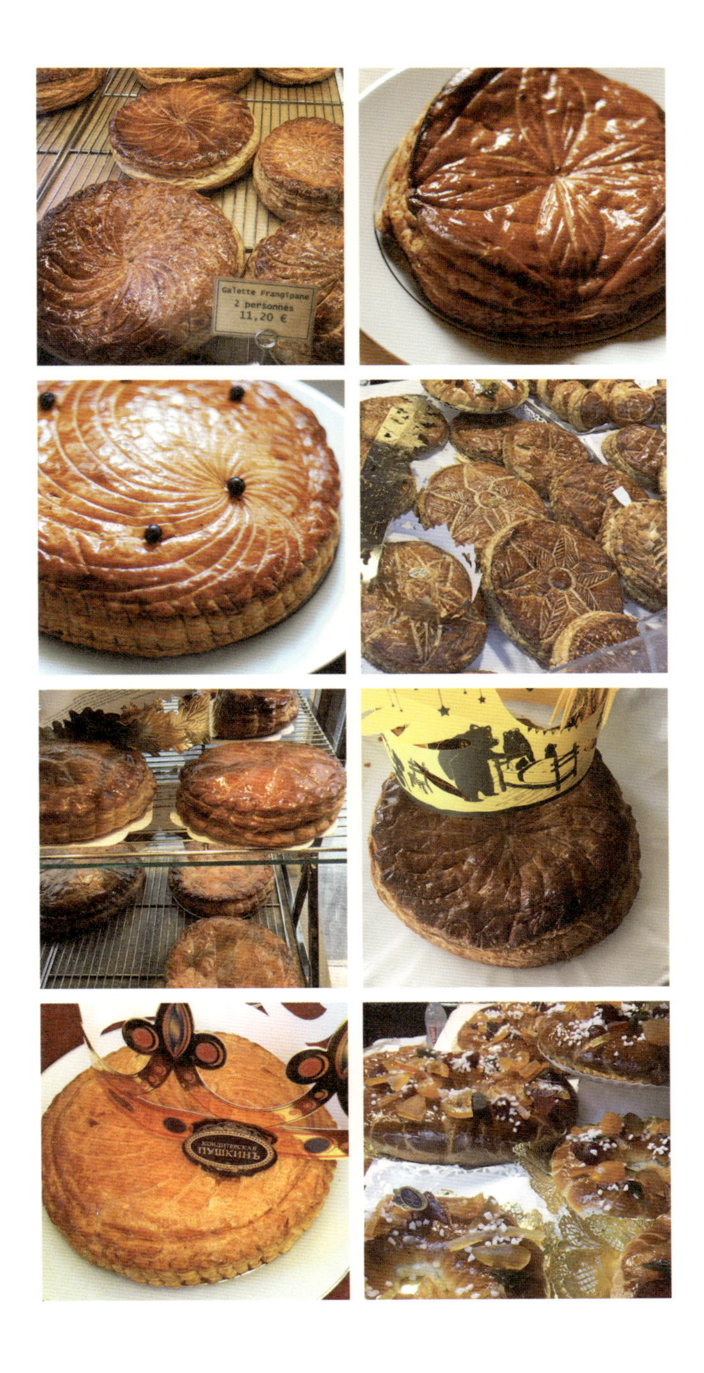
Galette Frangipane
2 personnes
11,20 €
ПУШКИНЪ

H

Herbes

エルブ／ハーブ

フランスのレストランやカフェでは、日本のように自動的にお水が出ることはあまりありません。ただ、「*Une carafe d'eau, s'il vous plaît.*」とお願いすれば、水道水を無料で出してもらえます。最近では、夏場になるとカラフ（ピッチャー）の中にフレッシュなミントやヴェルヴェーヌを入れてくれるところもあり、見た目も香りも爽やか。いいアイデアだな、と私もよく真似をしています。

もうひとつ、ハーブといえば、北アフリカのミントティ。クスクス屋さんでも飲めるけど、5区にあるモスケのカフェ「サロン・ド・テ・ド・ラ・モスケ」では、中庭でとても安くミントティを飲むことができます。フレッシュなミントと緑茶、熱湯を注ぐだけ。ここにたっぷりのお砂糖を。熱々のミントティは、寒い日にいただくのはもちろん、暑い夏にも美味しいものです。

♛ ミントティが美味しいモスケのカフェ
サロン・ド・テ・ド・ラ・モスケ　(Salon de Thé de la Mosquée) → P.157

I

Infusion

アンフュージョン／ハーブティ

ニースに着いてまだ間もない頃。少し肌寒くなってきた季節だったと思います。目抜き通りを歩いていたら、スーパーの前で声をかけられました。今ならきっと足を止めていないと思うのだけれど、フランス語でわーっと話しかけられて、誰？何を言ってるの？と、立ち止まってしまいました。そうしたらそれは「これから1杯、どう？」というナンパだったのです。

私は生真面目にいろいろフランス語で断る理由を考えました。「風邪を引いているので早く帰って寝たいのです」みたいな文章をえっちらおっちら。すると彼は「そうなの？ 僕に1分もらえる？」と言って、スーパーの中へ。ぼんやり本当に彼を待っていた当時の私はよっぽどのんきで間抜けだったなあ、と、今さらながら思うのですが。

5分ほどして彼が小走りで戻ってきて、私に「はい」と渡してくれたもの。それは菩提樹のハーブティの箱でした。そして、「これ飲んで、暖かくして休んでね。元気になったらどこかでね」とウィンクをして去っていきました。電話番号も聞かず、教えず。笑ってしまうほど、漫画のような、いかにもフランス的なエピソード。今でもアンフュージョンを飲むたびに、スーパーの前でのんきに待っていた自分を思い出し、おかしくなってしまうのです。

アンフュージョンは、菩提樹、カモミール、ヴェルヴェーヌあたりが一般的。最初に飲んだときは「薬草みたい……」と思ったけれど、飲みなれると胃がスッキリして心地よいものです。ミルクティにしてはちみつを入れて飲むのも好き。また、ミルクにアンフュージョンで香りをつけて、冷たいブランマンジェやアイスにするのもおすすめです。ヴェルヴェーヌは日本では「レモンヴァーベナ」の名で、鉢で売られています。安くて丈夫、多年草なので年中楽しめるハーブです。

♕ 歴史あるハーブ薬局に行ってみる
エルボリストリ・ディポクラット
(Herboristerie d'Hippocrate) → P.155

RECETTE 17

ヴェルヴェーヌ（レモンヴァーベナ）のババロア

材料（直径約12*cm*のババロア型 1台分）
桃のコンポート（または桃の缶詰） 200*g*
牛乳 100*mℓ*
グラニュー糖、はちみつ 各大さじ1
ヴェルヴェーヌの葉 4～5枚＋飾り用 あれば適量
粉ゼラチン 5*g*＋水 大さじ1½
生クリーム 60*mℓ*＋グラニュー糖 大さじ1

桃のコンポート（作りやすい分量）
桃 1個
水 250*mℓ*
グラニュー糖 大さじ3
ヴェルヴェーヌの枝 1本（葉4～5枚）
レモン果汁 ¼個分

下準備
・ゼラチンは分量の水にふり入れてふやかす。
・コンポートを作る。桃は切り目を入れ、湯むきする。半分に切って種を除く。桃以外の材料を鍋で沸騰させ、桃を入れ、中火で1分ほど煮て、火を止め、そのまま冷ます。

作り方
1 桃のコンポートは水けをきり、ざく切りにしてミキサーにかける。
2 小鍋に牛乳、グラニュー糖、はちみつを入れ、ヴェルヴェーヌの葉をちぎり入れる。沸騰直前まで温め、いったん冷まして牛乳に香りを移す。
3 **2**を温め直し、熱いうちに、ふやかしておいたゼラチンを溶かす。**1**を加え、氷水にあてて混ぜながら、もったりするまで冷ます。
4 別のボウルで生クリームにグラニュー糖を入れ、6分立てにする。
5 **3**に**4**を加えて泡立て器で均一になるまでさっくり混ぜ、型に流し入れる。冷蔵庫で1時間以上冷やし固める。型のまわりをぬるま湯などでさっと温めて取り出し、皿に盛り、あればヴェルヴェーヌの葉を飾る。

＊ヴェルヴェーヌをカモミールに、桃をりんごに置き換えても美味しいです。

Jus

ジュ／ジュース

フランスのスーパーやアラブ人がやっているエピスリーなどには、くるくると回りながらオレンジをしぼる機械がよく置いてあります。衛生面が微妙そうなお店もあるけれど、ストレート果汁のすっきりした甘みは、旅行中、特に夏場のビタミンC補給になかなかよいのです。

紙パックコーナーには日本でも見覚えのあるメーカーのジュースが並んでいますが、日本と違うのはミックスジュースの種類が多いこと。「このフルーツにこのフルーツ合わせるのね！」という面白さもあり、ついつい買ってしまいます。感激する味には出合えていないのですが、なるほどという組み合わせを覚えておいて、家でのデザート作りの参考にしています。

RECETTE 18-19

ジンジャーメロン／ラズベリーアップルのジュース

（作りやすい分量）ジンジャーメロン（写真左）⇒メロンをざく切りにしてミキサーにかけ、しょうがのすりおろしを加えて混ぜ、好みのハーブ（写真はヴェルヴェーヌ）を加え、ライムをしぼる。ラズベリーアップル（右）⇒凍らせたラズベリーをグラスに入れ、アップルサイダーを注ぐ。

Kouglof

クグロフ

ラテン語の影響からか、Kから始まるお菓子には純粋なフランス語ではあまりないように思います。クイニーアマンとクグロフ。どちらも愛すべき郷土菓子です。

クグロフはアルザス地方の名物で、マリー・アントワネットの好物として知られています。お菓子の生地自体はブリオッシュに似た、バターたっぷりの発酵菓子です。

アルザスを旅行していろんなクグロフを持ち帰って食べたけれど、私の一番は実はパリにある「ヴァンデルメルシュ」のもの。クグロフは生地自体もリッチな配合。そこにたっぷりと溶かしバターとオレンジフラワーウォーターをかけ、カリカリのアーモンドの風味も広がります。時おり柔らかなレーズンがアクセントとなり、ひと口いただくとすべてがジュワッと口に染み渡る感じがたまりません。オレンジフラワーの香りが爽やかで甘さが控えめだったこともあり、初めて食べたときは感動して、6人用の1台をひとりで半分食べてしまったほど。

週末限定だったのが、最近通常販売となり、大きさもいろいろに。旅行中だって小さなものを買えちゃいます。ただ残念なことに仕上がりにムラがあり、パサッとしていたりすることも……。個体差なのか、曜日なのか、当たり外れがあります。小さいものよりは大きいものが、味のバランスがいいと思います。日持ちがするので、きっと食べ切ることができます。

ラッピングもとても素朴で可愛く、そこもお気に入りの理由。独特な形のクグロフを1枚の紙でシュルシュルッと包み、トレードマークの葉っぱをつけてくれるのもとても素敵なのです。

♛ 私の No.1 クグロフが買えるお店
ヴァンデルメルシュ（Vandermeersch）→ P.157

理想の背徳的クグロフ

材料（直径約14cmのクグロフ型 1台分）

強力粉　60g
薄力粉　60g
グラニュー糖　大さじ1
塩　2g
ドライイースト　1.5g
卵　1個
卵黄　1個分
バター　65g
レーズン　50g
ホールアーモンド、ヘーゼルナッツ
　合わせて大さじ1

シロップ
　水　100mℓ
　グラニュー糖　15g
　アーモンドパウダー　10g
　オレンジフラワーウォーター　少々

溶かしバター　大さじ2
グラニュー糖（細かいタイプ）
　または粉砂糖　大さじ1

下準備

・バターは室温に戻す。
・レーズンを湯通しする。

作り方

1　強力粉、薄力粉、グラニュー糖、塩、イーストをボウルに入れて混ぜる。
2　卵と卵黄を溶き、**1**に加えて混ぜる。ハンドミキサーの低速でゆっくりと、まとまるまでこねる。
3　バターを少しずつ加えて、練り込むように混ぜ、さらにレーズンを加えて混ぜる。
4　つやっとまとまったらボウルにラップをかけ、冷蔵庫でひと晩休ませる。
5　型にバター（分量外）を塗り、ナッツ類を入れる。ドーナツ状にした**4**を入れる。
6　オーブンを30℃に予熱し、2時間ほど発酵させる。
7　オーブンを180℃にし、30分ほど焼く。
8　シロップの材料を沸騰させて、冷ましておく。
9　**7**が熱いうちに**8**を塗り、乾いたら溶かしバターを塗る。仕上げにグラニュー糖をふる。

K

Kouign-amann

クイニーアマン

クイニーアマンはブルターニュのお菓子。ブルターニュの言葉で「バターのお菓子」という意味だそう。塩気のあるバターが特産のこの地方ならではの、甘じょっぱいキャラメル味のお菓子です。

以前はパリで見かけることはまったくなかったのですが、ピエール・エルメさんがフォション時代に素晴らしいクイニーアマンを作り出し、あっという間に大人気となりました。大好物のクロワッサン生地に、追い打ちをかけるようにジャリッとした砂糖をたっぷりふりかけて。バターと砂糖が熱で溶け表面がつやつやキャラメルになったその姿は、見た目からしてこってり。“ザ・デブ味”なお菓子です。

最初に食べたときは衝撃的でした。クロワッサンだってサクサクでバターたっぷりなのに、それよりも強烈。クロワッサンに砂糖とバターと塩を足した感じ。ザクザクカリカリ、中からバターがじゅわ〜。あまりにも強烈な美味しさですが、味の構造は極々シンプル。バター、砂糖、小麦、そしてイーストの香りと塩気です。だからいくらでも食べられそうな気がしましたが、さすがに1個食べたら大満足でした。

私の中で、たとえ「ひとつ食べたら1キロ太るよと言われても食べたい」というお菓子がいくつかありますが、うまく焼けたクイニーアマンは間違いなくそのひとつ(そして本当に1キロ太りそうです)。日本では「パリセヴェイユ」「アルノー・ラエール」のクイニーアマンがお気に入りです。

自分で作るときは、はしょって市販の冷凍クロワッサンで作ります。最近はバターがしっかり入った冷凍クロワッサンが売られているので、こちらもなかなかの味に仕上がります。

簡単クイニーアマン

材料（直径8*cm* 1個分）
冷凍のクロワッサン生地　1個
好みのジャム（または煮りんご）　小さじ1
グラニュー糖　大さじ½

下準備
・冷凍のクロワッサン生地は自然解凍する。
・天板にクッキングシートを敷き込む。
・オーブンは190℃に予熱する。

作り方
1　打ち粉（薄力粉、分量外）をし、冷凍のクロワッサン生地をめん棒で縦にのばす。
2　90°回し、両側を折って正方形にし、再度めん棒でのばす。同様に繰り返し、12*cm*角の正方形にする。
3　中央にジャムを置き、まわりから生地をしぼって包む。
4　天板にセルクル型を置き、内側にグラニュー糖を散らし、**3**を入れ、きゅっと押し込む。
5　190℃のオーブンで20分ほど焼く。途中、上部が開いてきたらクッキングシートをかぶせて別の天板をのせるとよい。

L

Lait

《レ／牛乳》

酪農国のイメージのフランスですが、通常スーパーで売っている牛乳に、とびきり美味しいものはあまりないような気がします。高温殺菌のため長期常温保存できるものが幅を利かせています。冷蔵庫に入っているものもあり、こちらは日本で飲む牛乳に近い味ですが賞味期限は4、5日ととても短いです。

フランスで印象的だった牛乳はノルマンディの田舎のもの。当時ホームステイをしていたご家族の田舎の家の朝ごはんで出されたのですが、表面は黄色っぽい濃いクリーム。それをよくかき混ぜてコーヒーと一緒にカフェクレームとしていただきます。牛乳の脂肪分は自然のままだと分離して浮かんでくるということを、そのとき初めて知りました（そういえば昔読んだ童話でミルクの最初のひと口を猫にあげるというシーンがあったのを思い出しました）。

牛乳は気軽で日常的な飲み物だけれど、それは脂肪分を均一化し、殺菌処理がなされるようになったからかもしれません。そんな技術のなかった昔、農家の人たちは毎日毎日大量に取れる牛乳をなんとか美味しく食べきるために、バターやチーズ、ジャムといった素晴らしい加工品を生み出したのでしょう。

私も牛乳がたっぷりあるとき、飲みきれなさそうなときはミルクジャムを作ります。時間はかかるけれど材料も工程もとてもシンプル。寒い日にどんな香りをつけようかな、などと考えながら、ゆっくりと鍋底を混ぜ、真っ白な牛乳が徐々に優しい生成色になっていく様を眺める時間はとても心地よいものです。

ミルクジャム（ほうじ茶／カルダモン）

（作りやすい分量）小鍋に牛乳500㎖とグラニュー糖100gを入れて強火にかけ、沸騰したら弱火にし、絶えず混ぜながら40分ほど煮詰める。とろみがついたら、ほうじ茶（写真右）は、熱湯50㎖に大さじ1のほうじ茶茶葉を浸して冷ましたものを、カルダモン（左）は殻を割って取り出したカルダモンの実を加えてさらに軽く煮詰める。熱いうちに熱湯で煮沸消毒した保存瓶に入れる。

L

Livre

リーヴル／本

子どもの頃から母の料理書を見るのが好きでした。
「四季の味」という雑誌では当時「素人の味」というコーナーがあり、簡単だけど美味しいお料理の作り方が綴られ、編集部の辛口コメントがつくことも。私はこの頃から甘いものが好きで、みかんの缶詰と練乳を組み合わせたソルベや、牛乳に浸したカステラといちごの“千疋屋風”などを覚えました。

母の本は、どれも母が若い頃から持っていたもので、写真は一切なく、カラーでもなく、文字と絵だけ。ここで私がとりわけ夢中になったのはやっぱり、まだ見ぬ外国のお菓子たちです。レーズンは干しぶどう、ワインはぶどう酒。マフィンは「マッフィン」でポリッジは「ポーリッジ」。当時の表記は今読み返しても心踊ります。児童文学も、『赤毛のアン』『長くつ下のピッピ』『小公女』『若草物語』『クリスマスキャロル』……美味しそうな食べ物が出てくるものが好きでした。文字だけで綴られたお菓子に私は想像を膨らませ、お腹を鳴らしながら繰り返し読みふけっていました。

中学生のときに、本屋さんで見かけて夢中になったのは堀井和子さんと藤野真紀子さんの本。写真がとにかく美しくて、もう、うっとり。いつか絶対、このお菓子の国、フランスに行くんだ。そう決意をしたのでした。

留学してからも本屋さんをウロウロ。帰国する際、持って帰れないかもしれないのだから物はあまり買わないようにしていたのに、本だけは欲しければ我慢しない、という我が家のルールを守り、せっせと購入していきました。

フランスの本は、子どもの頃読んでいた本にどこか似ています。親切ではないのです。綺麗な写真はあれど、アップすぎたり、中身が分からなかったり。型のサイズやプロセス写真がないこともしばしば。材料表に書かれたフランス語の材料が、組み合わさってこの写真になるのね。味はどんなかしら？　頭の中をクルクルと食べ物が回り、ワクワクします。

どんなにシズル感たっぷりの美味しそうな写真でも、丁寧な文章でも、到底正確に味を伝えることはできません。本は食べることができないのだから。材料と作り方を見ながら想像して、そして作ってみて、ああ、これだったのか、と納得。私はつくづく料理本が好きなんだなあと思います。

Macaron

マカロン

左上・右上：私が初めて食べた大きなマカロンは「ジェラール・ミュロ」のもの。最近オーナーが変わったけれど美味しさは健在。左下・右下：老舗「パティスリー・カレット」は大小のマカロンがあるので食べ比べても。

パリのマカロンはとっても大きかった。少なくとも、住んでいた頃は大きいものが主流だったように思います。手のひらサイズのものをひとつ買って、歩きながらカプッと食べるのが好きでした。大きいとカシャッと口の中で崩れる乾燥した部分と、ネチッとクリームを挟んで水分を含んだ部分がどちらも味わえ、中のクリームもたっぷりなのが嬉しいのです。

最初に買ったのは塩味タルト「トゥルト」などのお惣菜が美味しい「ジェラール・ミュロ」でした。ここでは、ひとつ注文する商品の名前が男性名詞（*Un*（アン））なのか女性名詞（*Une*（ユヌ））なのか、間違えると大声で正す店員のおばさんがいて、私はドキドキしながら順番を待ったものです。いっそ、複数形ならどちらにも使えるので、2個（*Deux*（ドゥ））買おうかと弱気になることもあるのだけど、マカロンが大きすぎてふたつは食べられないんですよね。

最近はお土産用の小さなマカロンに押され気味ですが、街のブーランジュリーやケーキ屋さんで大きなマカロンを見かけるとちょっと嬉しくなります。食べても食べてもまだある、幸せをくれる大きさなのです。

♛ 大きなマカロンを買いに行くお店
ジェラール・ミュロ（Gérard Mulot）→ P.155
パティスリー・カレット（Pâtisserie Carette）→ P.156

食べても食べてもまだある大きなチョコレートマカロン

材料（直径約7*cm*　6個分）

生地

アーモンドパウダー　60*g*
無糖ココア　30*g*
粉砂糖　110*g*
卵白　65*g*
グラニュー糖　25*g*
乾燥卵白　1*g*

ガナッシュ

製菓用チョコレート　40*g*
生クリーム　30*g*
はちみつ　12*g*
バター　25*g*
グランマニエ　小さじ2～大さじ1

下準備

・卵白はよくほぐしてコシを切り、3日以上冷蔵庫に保存してサラサラの状態にする。
・天板にクッキングシートを敷き込む。

作り方

1　アーモンドパウダー、ココア、粉砂糖を合わせてふるう。
2　ボウルに卵白を入れ、高速のハンドミキサーで白っぽくなるまで泡立てる。
3　グラニュー糖と乾燥卵白を混ぜ、**2**に加え、さらに泡立てる。
4　しっかりとつのが立つようになったら、**1**を2～3回に分けて加える。ゴムべらでさっくりと混ぜ、ゴムべらの平らな面で生地をボウルの底に押しつけるようにして気泡をつぶす（マカロナージュ）。
5　直径1*cm*の丸型しぼり口金をつけたしぼり袋に入れ、天板に直径5*cm*くらいにしぼり出す（しぼり出したときにつのがたれるくらいがよく、つのが立つようだとマカロナージュが足りないので、もう一度ボウルに戻して気泡をつぶす）。そのまま表面が乾くまで30分～1時間室温におく。オーブンを170℃に予熱する。
6　170℃のオーブンで1～2分焼き、いったんドアを開け、130℃に下げ、焼き色がつかないように15～20分焼く。生地をそっと触って手につかず、下部がクッキングシートから動かない状態ならオーブンから出し、そのまま室温で冷ます。
7　ガナッシュを作る。チョコレートを刻んでボウルに入れる。小鍋に生クリームとはちみつを入れて中火で沸騰させ、チョコレートのボウルに注いで溶かす。熱いうちにバターを加えて混ぜ、グランマニエで香りをつける。ラップをして冷蔵庫で冷やす。
8　**6**が冷めたらクッキングシートからはずし、**7**を挟み、冷蔵庫で冷やす。1日たったくらいが美味しい。食べるときは常温で。

M

Madeleine

マドレーヌ

　マドレーヌは、私のイメージするフランスの焼き菓子の代表的存在。貝の形も可愛らしく、バターたっぷり。コルドンブルーでは初級で学びます。プルーストの小説の中でも普段のおやつとして登場しますし、フランスの定番だと思っていました。が、実はちょっと前までパリではあまり見かけませんでした。マドレーヌはコメルシー地方特産のお菓子だからでしょうか。

　今ではパリでもいろんなところでマドレーヌを売っています。コメルシー出身のシェフが営む「パティスリー・ジル・マルシャル」のレモンの砂糖がけがかかったマドレーヌは（日が経っていなければ）ふんわりとしていて最高に美味しいし、「ラ・パティスリー・デ・レーヴ」の大きめのマドレーヌはアマレットやヴァニラの効いた少し懐かしい味わいです。パリのグルメ誌『フィガロ・スコープ』でNo.1に輝いた「ブレ・シュクレ」では、通常サイズだけでなく、大きなマドレーヌ型のケークもあります（私はクロワッサンの方が好きだけど）。

左：「ラ・パティスリー・デ・レーヴ」の手のひらサイズのマドレーヌ。中：ニル通りのパン屋さん「ブーランジュリー・ドゥ・ニル」でも焼き立てが。右：「ブレ・シュクレ」には巨大マドレーヌ型ケークがあります。

それに、数年前、パリのビストロでは最後のコーヒーに添えるミニャルディーズとして焼きたてのマドレーヌを出す、というのがはやりました。焼きたてを強調するように、まだ粉の残る焼き型を持ったギャルソン。そこにはほんのり温かいマドレーヌが収まっています。

マドレーヌの生地は冷蔵庫で保存でき、焼くのはほんの10分ちょっと。そして焼きたてがなんといっても最高に美味しいから、これはいいアイデアです。時間があるときにちょこっと生地を作っておいて、人が来てからオーブンに。焼きたてはどこのパティスリーで買うよりも美味しいです。

♕ マドレーヌを買いに行くお店
パティスリー・ジル・マルシャル（Pâtisserie Gilles Marchal）→ P.157
ラ・パティスリー・デ・レーヴ（La Pâtisserie des Rêves）→ P.155
ブレ・シュクレ（Blé Sucré）→ P.154

左・中：ともに「パティスリー・ジル・マルシャル」にて。レモン、オレンジはアイシングがかかっています。キャラメル入りも！　右：マルティール通り「メドモワゼル・マドレーヌ」は多種多彩なマドレーヌが並び、壮観。

ラ・パティスリー・デ・レーヴ風マドレーヌ

材料（8 *cm* のマドレーヌ型 6～7個分）
牛乳　小さじ2
はちみつ　小さじ1
ピーナッツバター　小さじ1
卵　1個
グラニュー糖　40*g*
レモンの皮（すりおろし）1/6個分
ヴァニラビーンズ　1/8本
アマレット　小さじ1
薄力粉　40*g*
ベーキングパウダー　小さじ1/2
塩（あればフルール・ド・セル）ひとつまみ
バター　45*g*

作り方

1　牛乳、はちみつ、ピーナッツバターを合わせて温め、溶く。
2　ボウルに卵とグラニュー糖を入れ、泡立て器でグラニュー糖が溶けるまでしっかり泡立てる。
3　**1**、レモンの皮、さやからこそげて取り出したヴァニラビーンズ、アマレットを加えて混ぜる。
4　薄力粉、ベーキングパウダー、塩をふるい入れ、ゴムべらでさっくりと混ぜる。
5　小鍋か電子レンジでバターを溶かし、温かいうちに**4**に加えて混ぜる。ラップをかけて冷蔵庫で1時間以上寝かせる。
6　型にバターを塗って薄力粉をはたき（各分量外）、冷蔵庫に入れておく。
7　オーブンを200℃に予熱する。
8　型の8分目まで生地を入れ、200℃のオーブンで10～12分、真ん中におへそができるまで焼く。

M

Meringue

ムラング／メレンゲ

巨大ムラングはパリの庶民的なお菓子屋さんのショーケースでよく見かけます。空気の乾いたパリの乾燥したお菓子。いつ作られたかわからない風貌とあの甘さ……。留学時代はなかなか手が出せませんでした。

ムラングの魅力はなんといってもあのカサッとした食感だと思います。そして卵白の泡に包まれた中で糖分がゆっくりと加熱されているので、キャラメルとはまた違う砂糖の香ばしさも。

ムラングは本当ならパン屋さんやお菓子屋さんが営業し終えてからオーブンを切り、中に入れて余熱でじっくり朝まで置いておくお菓子。ですがせっかちな私は少し温度を上げ、短めに焼きます。そして、気持ちキャラメル感を強く出すため少しベージュになるくらいまで焼くのです。表面が白っぽくても中はしっかりベージュ、くらいが好みです。

食べるときは無糖の脂肪分の低い軽いクリームと合わせていただきます。あればベリー系の酸味をプラスして。サクサクした食感を楽しんでもらいたいから、これはもう、お皿に置いたとたん、すぐに食べて欲しいお菓子です。

フランスのお菓子にはムラングを使ったものが少なからずあります。タルト・オ・シトロンやモンブラン、オーストラリア生まれのお菓子、パブロヴァもパティスリーで見かけるようになりました。「オウ・メルヴェイユー・ドゥ・フレッド」といったムラング専門店までできて人気です。

日本と違って乾燥したパリでは、クリームと合わせてもカサッとした食感がしばらく残り、またほんのりクリームの水分を吸ったところも（かなり甘いですが）美味しいものです。

私が好きなのは「ル・コントワール」をはじめとするビストロで出るデザートのヴァシュラン(写真右下)。カサッとしたムラングと、ヴァニラビーンズたっぷりのひんやりとしたアイスクリーム、乳脂肪分が低くて軽い軽いホイップクリーム、すべて白いけど、微妙なトーンの違いが綺麗。そして酸味のアク

セントとして赤いベリーが添えられています。

もうひとつ記憶に残っているのは、日本の星付きレストランでいただいたムラングのアイスクリーム。食べたことのある味を、全く違う食感と温度でいただく不思議。ムラングの中身は卵白と砂糖なわけですが、卵白と砂糖をただアイスクリームに混ぜただけではこの味は出せません。一度焼ききって、粉砕して……ムラング特有のかすかな香ばしさを、なめらかな食感で、ひんやりとしたスプーンでいただきながら、単純な材料でも全く違うお菓子になる。お菓子作りは本当に面白いと改めて思った夜でした。

♛ フランスらしいムラングを楽しむお店
キャス・ノワゼット（Casse-Noisette）→ P.154
オウ・メルヴェイユー・ドゥ・フレッド
（Aux Merveilleux de Fred）→ P.154
ユヌ・グラス・ア・パリ（Une Glace à Paris）→ P.157

♛ デセールのヴァシュランが美味しいお店
ル・コントワール（Le Comptoir）→ P.156
レストラン・ケイ（Restaurant Kei）→ P.157

RECETTE 26

甘くて軽いムラング

材料（作りやすい分量）
卵白　2個分（約60g）
グラニュー糖、粉砂糖　各60g

下準備
・天板にクッキングシートを敷き込む。
・オーブンを120℃に予熱する。

作り方
1　ボウルに卵白を入れ、ハンドミキサーで泡立てる。少しつのが立ったら、グラニュー糖を少しずつ加えて泡立て、しっかりとつのが立つ状態にする。
2　粉砂糖をふるい入れ、片手でボウルを回しながら、ゴムべらで底から大きく10回ほど混ぜる。
3　スプーンをふたつ使って天板に落とす。120℃のオーブンで2時間ほど乾燥焼きする。そのまま1時間ほどオーブンの中におき、余熱で火を通す。持つと軽く、叩くとコンコンと音がするくらいなら焼き上がり。

＊いただくときは無糖のホイップクリーム、ベリーとご一緒に。
＊缶に入れ、冷蔵庫で1カ月ほど保存可能。

Noël

ノエル／クリスマス

パリで初めて過ごしたクリスマスは、日本よりずっと静かなものでした。日本では、クリスマスは彼とデートをしてプレゼントを贈り合う日というイメージ。でも、フランスではイエス・キリストの生誕を祝う日、家族で過ごす日なのです。それでもお祝いですから、クリスマスに向けて街は美味しいものがあふれ、シックなイルミネーションで彩られます。フランスでクリスマスのご馳走といえば、生牡蠣、フォアグラ、シャンパン、ボンボン・オ・ショコラあたりでしょうか。

ケーキはビッシュ・ド・ノエルが有名ですが、フランスのビッシュはロールケーキのぐるぐる断面を隠すように薄いチョコレートが貼られていて、「それ、あんまり切り株に見えない……」と私はいつも思います。

初めてのパリのノエル、そんなビッシュの“ひとり用”を自分と友人のためにふたつ買ったのは、老舗の「ストレー」。フランス語がちゃんと通じて、きちんと欲しいものが手に入って、大満足で店を出たら、モントルグイユ通りにちらちらと粉雪が降り出していました。夕暮れの石畳に消える雪。ぽかんと口を開けてグレーの空を見上げた私。街行く人もなぜかみんな雪を見ていてしばらく時間が止まったよう。パリではなかなか雪が降らないと知ったのはずっと後になってから。きっとあのノエルに降った雪は、パリジャンにとって特別なものだったに違いありません。

ちなみに、なんともロマンティックなイルミネーションやクリスマスのデコレーションは、年が明けても割とダラダラと飾られたままなのはかなり残念な感じですが、これもまたフランスらしい気もします。

♕ ビッシュ・ド・ノエルを買ったパティスリー
ストレー（Stohrer）→ P.157

小さなひとり用のビッシュ・ド・ノエル

材料（8×3×3*cm*のシリコン製トヨ型 4個分）

ホワイトチョコムース

- 生クリーム　大さじ2+100*mℓ*
- ホワイトチョコレート　60*g*
- 粉ゼラチン　2*g*＋水　小さじ2
- プレーンヨーグルト　30*g*
- グラニュー糖　10*g*

ラズベリージュレ

- 冷凍ラズベリーピュレ　50*g*
- グラニュー糖　大さじ2
- ゼラチン　2*g*＋水　小さじ2

シャンパンシロップ

- シャンパン　50*mℓ*
- はちみつ　大さじ½

フィンガービスケット　4本

飾り

- ホイップクリーム　適量
  （好みの量の生クリームに10%のグラニュー糖を加えて泡立てる）
- ロータスビスケット　4枚
- ホワイトチョコレート　適量
- ラズベリー　適量

下準備

・粉ゼラチンは、それぞれ分量の水にふり入れて溶かす。

作り方

1　ムースを作る。生クリーム大さじ2を沸騰直前まで温め、細かく刻んだホワイトチョコレートを加える。湯せんにかけ、ゆっくりと溶かす。ふやかしたムース用のゼラチンを10秒ほど電子レンジで加熱して加え、溶けきるまで混ぜる。

2　湯せんから外し、ヨーグルトを加えてよく混ぜて粗熱をとる。

3　残りの生クリームにグラニュー糖を加え、つのがピンと立つまで泡立て、**2**に加えて泡立て器でしっかりと混ぜる。

4　型に半量の**3**を入れ、スプーンなどで真ん中をくぼませる（残りは室温においておく）。冷凍庫で30分ほど冷やし固める。

5　ラズベリージュレを作る。ラズベリーピュレとグラニュー糖を耐熱容器に入れて混ぜ、ラップをせずに電子レンジで1分ほど加熱する。ふやかしたゼラチンを加え、氷水に当てながら混ぜる。とろっとしたら**4**のくぼませたところに落とし、冷凍庫で30分ほど冷やし固める。

6　**5**に**4**で残しておいたクリームを流し入れてのばす。

7　シャンパンシロップの材料をよく混ぜ、フィンガービスケット（長ければ長さを型に揃える）に染み込ませ、**6**にのせ、少し押してムースになじませる。冷凍庫に入れ、1時間以上、しっかり冷やし固める。

8　**7**が固まったら型から取り出し、底面にホイップクリーム少々でロータスビスケットを貼りつける。残りのホイップクリームや削ったホワイトチョコレート、薄いホワイトチョコレート、ラズベリーなどで飾る。

＊グラスにロータスビスケット、ラズベリージュレ、
ホワイトチョコムースを重ね入れるだけでも
素敵なデザートになります。

N

Nutella

ニュテラ／ヌテラ

ヌテラはチョコレート味のスプレッド。イタリアのフェレロ社が作っているもので、ヘーゼルナッツとココアが主原料です。戦時中、高価なチョコレートの代用品として生まれたといわれています。フランス人も(特に子どもは)このちょっと体に悪そうな甘〜いスプレッドが大好き。お菓子に使うと、チョコより少し軽く、どこか懐かしい優しい味に仕上がるのが面白いです。

パリに住んでいた頃、私のアパートの1階はテイクアウト専門のクレープ屋さんでした。あるとき、私は風邪を引いて学校を休みました。日本から遊びに来た友人が帰ったばかりで、さすがに心細く、気持ちも弱っていました。夕方、パリに住む友人が電話をかけてきてくれたのですが、かなり暗い声で応対。そうしたらいきなり、その子が「今から行くね！」と、私の返事も聞かず電話を切り、15分もしないで来てくれたのです。下でクレープを買って。

それがヌテラとバナナのクレープでした。心の中で「下のクレープ、美味しいのかな。でも、今とても食べる気がしない……」と思ったけれど、じーっと見ているその子に負けて、ひと口食べると、熱々のバナナとヌテラがとろーり、甘〜い！美味しい！　急激に食欲が沸いてきて食べ終わる頃には元気も出てきたのです。そんな私を見て、彼女は少しほっとした様子でニコニコと、「私、クレープはヌテラとバナナが一番好きなの」とほほえむのでした。

もしも私が彼女だったら、今はそっとしておこうと思ったでしょう。風邪のときに食べたくなるものはなんだろうと考えて、翌日、果物か野菜スープを持っていったかもしれません。でも、そんな想像上の私は、すぐに自分が好きなクレープを買って会いにきてくれた彼女ほど、あのときの私を元気にはできなかったんじゃないかなと思います。

クレープを食べると、寒い寒いパリと彼女特有の優しさを思い出します。

そしてそんな思い出を持ってる自分はちょっと幸せだなあと思うのです。

ヌテラとバナナのクレープ

材料（2〜3人分）

クレープ
- 薄力粉　40g
- グラニュー糖　大さじ½
- 卵　1個
- 牛乳　125mℓ
- バター　大さじ½

ヌテラ　大さじ6
バナナ　3〜4本
有塩バター、グラニュー糖　各適量

作り方

1　ボウルに薄力粉とグラニュー糖を入れて泡立て器でよく混ぜる。
2　別のボウルに卵を割り入れ、牛乳を加え、泡立て器でよく混ぜる。
3　**1**に**2**を少しずつ加え、なめらかになるまでよく混ぜる。
4　フライパンでバターを溶かし、**3**に加えてよく混ぜる。
5　**4**のフライパンを中火にかけ、バターをキッチンペーパーなどでなじませ、生地を流し入れる。まんべんなく広げ、フライパンを傾けて余分な生地をボウルに戻す。ふちが色づいてきたらフライ返しで返し、10秒ほど焼く。同様に2枚焼く。
6　クレープを広げ、それぞれにヌテラを大さじ2塗り、皮をむいて食べやすく切ったバナナをのせて包む。バターをのせ、グラニュー糖をふる。

甘食みたいなヌテラのクッキー

材料（直径約5*cm* 28〜30個分）
ヌテラ　150*g*
バター　30*g*
卵　1個
薄力粉　150*g*
重曹　小さじ¼

下準備
・卵は室温に戻す。
・天板にオーブンシートを敷き込む。
・オーブンは190℃に予熱する。

作り方
1　ヌテラとバターをボウルに入れ、湯せんにかけてよく混ぜる。
2　卵を溶き、**1**に少しずつ加え、そのつど泡立て器でよく混ぜる。
3　薄力粉と重曹を合わせてふるい入れ、ゴムべらでよく混ぜる。直径3*cm*ほどに丸め、天板に並べ、190℃のオーブンで10〜12分焼く。

Olive

オリーブ

ニースに住んでいた頃、オリーブオイルはとても身近なものでした。私が好きなオリーブオイルは旧市街にある老舗の「アルジアリ」のもの。液漏れがして使いづらいのですが、可愛い缶はいかにも南仏。小粒の黒いオリーブだけを昔ながらの石臼でしぼるというオイルは、えぐみがなくフルーティで、まるでジュースのようです。お料理にどんなにたっぷり使っても、しつこくなりません。

フランス人も、イタリア人ほどではないのかもしれませんがオリーブオイルをよく使います。お菓子には食感や香りが少し重たく感じることがあるのですが、先日パリの某パティスリーで働いていた友人に、「オリーブオイルを使ったマドレーヌが、コクがあってリッチで美味しかった」と聞いてレシピを教えてもらいました。ふむふむとレシピを眺める私に、彼女はクスッと笑い、「でもね、『オリーブオイルだからヘルシーだよ！』とシェフは言うんだけどね。『焼き型にはたっぷりバターを塗って！』と口うるさかったのよね」。よく見たら生地もバターたっぷり……。フランス人にとっては、ヘルシーより、美味しさがまず先のようです。

♛ アルジアリのオリーブオイルを買えるお店
イズラエル（Izraël）→ P.155
ル・ボン・マルシェ（Le Bon Marché）→ P.156
ギャラリー・ラファイエット（Galeries Lafayette）→ P.155

オリーブのフィナンシェ

（直径約 5 *cm*　12個分）型にバターを塗り、茶こしで薄力粉をはたく（ともに分量外）。バター 80 *g* は薄いきつね色になるまで焦がし、こす。ボウルに卵 1 個、グラニュー糖 50 *g*、はちみつ 10 *g* を泡立て器で混ぜ、薄力粉 80 *g* とベーキングパウダー小さじ 1 をふるい入れてゴムべらでさっくりと混ぜる。焦がしバター、オリーブオイル 30 *g*、牛乳大さじ 1½ を加えて混ぜ、冷蔵庫で 1 時間ほど休ませる。直径約 5 *cm* の丸型に流し入れ、オリーブ 3 粒を輪切りにして散らし、190℃に予熱したオーブンで 10 〜 12 分焼く。

O

Orange

オランジュ／オレンジ

子どもの頃好きではなかったのに、大人になって好きになったものに、オレンジ、正確にはオレンジの皮、があります。母がイギリス贔屓だったためか、実家には、少し苦いマーマレードが必ずありました。私はこれが好きではなかったのです。好きになったきっかけは、パリでいただいたオランジェット。細長いオレンジの皮がつややかで水分を含み、ビターなチョコレートに包まれています。薄いチョコレートがパリッ、中から柔らかなオレンジの甘い味が広がり、最後に体温で溶けたチョコレートの味がふわり。エスプレッソと合わせると、ビター×ビターの余韻がたまりません。ただ、日本で手作りするとなるとノーワックスのオレンジを探すところからスタート。義母が文旦など、日本の柑橘類でたまに砂糖漬けを作っておすそ分けしてくれるのだけど、チョコがけにするには繊細すぎる美味しさなので、そのままいただいてしまいます。と、思っていたらサバトン社のオレンジピールが日本でも手に入るようになりました。しっとりとして、少しビター。香りが強くて、やっぱりチョコがけにはヨーロッパのオレンジが合います。オランジェットを家で作るときは、ここに好みのチョコレートをかけるだけ。既製品と既製品ですが、ケーキ屋さんでもコンフィやマロングラッセは買っているところが多いのですから、これも手作りのうち。利用できるところは利用して。チョコの量もオレンジの細さもお好みで作るオランジェット、テンパリングの練習にもおすすめです（ちなみに私はレンジで楽をしています）。

楽ちんテンパリングのオランジェット

（作りやすい分量）製菓用チョコレート（ヴァローナ社のグアナラなど）100gを刻み、耐熱容器に入れ、電子レンジにかける。⅓が溶け残っているくらいで取り出し、余熱で混ぜながら溶かす。ボウルに氷水を張ってチョコのボウルの底に当て、さらに混ぜる。底のほうが固くなってきたらそのつど混ぜ溶かし、溶け切らなくなってきたら、再度電子レンジで5～10秒さっと加熱し、しっかり混ぜ溶かす。触ってみて温度を感じないのがベスト（約30℃）。温めすぎたらもう一度溶かす。細切りにしたオレンジの皮の砂糖漬け2枚（サバトン社のものは1枚¼個分）に絡め、網の上で乾かす。

P

Pâtisserie

パティスリー

パリに向かう飛行機の中で、私はいつもジクソーパズルをしているかのように頭を悩ませます。年々胃は弱くなっているのに、食べたいものはきりがないから……。大好きなビストロやレストランでしっかり夕食をいただいた翌日は、朝ごはんどころか、ランチのために素敵なレストランに行く胃力もないのです。それなのにできるだけ1日1パティスリーを心がけているので、まずは行きたいパティスリーのある場所とその周辺の、行きたいところをまとめます（普通は逆がいいと思います。モンマルトルに行くなら寺院を見てから「マルシェ・サンピエール」で布を買おう、近くにお菓子屋さんはあるかなあ……。あ、「パティスリー・ジル・マルシャル」をのぞこう、とか）。

そしてサロン・ド・テが併設されているところは少ないので要チェック。街歩きに疲れたあたりでたどり着けるよう計画します。例えば、北マレの「ジャック・ジュナン」、ルーブルの近くの「セバスチャン・ゴダール」、オペラなら「キャス・ノワゼット」。おしゃれなお店が並ぶマレ地区なら「パティスリー・カレット」や「ヤン・クヴルー・パティスリー」もいいかも。パレ・ロワイヤルに近い「カフェ・ヴェルレ（*Café Verlet*／*P.*154）では美味しいコーヒーと「カール・マルレッティ」のケーキ（本店にイートインはありません）をいただけます。

お菓子好きにおすすめなのは、サンジェルマンのバック通り界隈。美味しいお菓子屋さんが集まっています。以前は右岸人気で、新しいお店はまずは右岸、でした。このところ新店や話題のお店の2号店などがサンジェルマン界隈にまとまってきたのです。
「ジャック・ジュナン」の2号店や、「ラ・パティスリー・デ・レーヴ」「デ・ガトー・エ・デュ・パン」「ユーゴ・エ・ヴィクトール」「パティスリー・クリストフ・ミシャラク」……ご存知、サブレやパン・ド・カンパーニュが美味しい「ポワラーヌ」もあります。北フランスのリールに本店がある老舗「メール」も、バック通りに近いオデオンに、マレに続くパリ2号店ができました。日本まで持ち帰れるお菓子が多いので、「ル・ボン・マルシェ」と一緒に回って最後のお土産を一気に買うのもおすすめです。

もうひとつのおすすめは、レアールのモントルグイユ通り「フ・ド・パティスリー」。地方を含めたいろんなパティスリーのお菓子を少しずつ揃え、生菓子も「カール・マルレッティ」「ラ・パティスリー・バイ・シリルリニャック」「ユーゴ・エ・ヴィクトール」などなど。ラインナップは毎週変わります。少し行きづらいお店も代表作はここでも買えますし、ついでに2、3軒先にある老舗「ストレー」にも。「ア・シモン」「モラ」といった製菓・キッチン道具屋さんも1分くらい。お菓子好きならとても楽しいエリアです。

そうそう、日本と違ってパリのお菓子屋さんのクオリティは一部のお店を除いて、割と揺れます。冬の方が大抵美味しくて綺麗なのは、温度管理の問題でしょうし、「なんだか今日はすっごくパサついているけど、週末はしっとり美味しいらしい」なんていうのは商品の回転の問題かもしれません。包装もおおらかで、とっても綺麗な背高のっぽのケーキを買い、箱を開けたら、思い切りぺちゃんと潰れていたことがありました。ケーキの方が箱より明らかに背が高かったんですよね。そんなパリのケーキ屋さんのラフさも、パリらしいと思えば楽しめるかもしれません。

♛ バック通り界隈で寄りたいお店

ジャック・ジュナン（Jacques Genin）→ P.155
ラ・パティスリー・デ・レーヴ（La Pâtisserie des Rêves）→ P.155
デ・ガトー・エ・デュ・パン（Des Gâteaux et du Pain）→ P.154
ユーゴ・エ・ヴィクトール（Hugo et Victor）→ P.155
パティスリー・クリストフ・ミシャラク（Pâtisserie Christophe Michalak）→ P.157
ポワラーヌ（Poilâne）→ P.157
メール　サンジェルマン・デ・プレ店（Méert Saint-Germain-des-Prés）→ P.156

♛ モントルグイユ通り界隈のお菓子屋さんとキッチン用品店

フ・ド・パティスリー（Fou de Pâtisserie）→ P.155
ストレー（Stohrer）→ P.157
ア・シモン（A.Simon）→ P.154
モラ（Mora）→ P.156

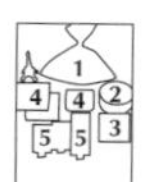

パリから持ち帰ったお土産たち。**1.**「ポワラーヌ」の袋入りサブレは、割れやすいので手荷物で。 **2.**「ローラン・ファーヴル・モ・パティスリー（Laurent Favre-Mot Pâtisserie／P.155）」はマニュエル通りにあるアメリカンなお店。サロン・ド・テもあります。 **3.**「メール」の一番小さいゴーフル。箱の中までフューシャピンクで可愛い。**4**「キャラメル・パリ（Karamel Paris／P.155）」は味によって違う柄の箱入り。 **5.**「ジャック・ジュナン」のパット・ド・フリュイとボンボン・オ・ショコラ。缶にぴっちり入っているから持ち運びが安心。

LAURENT FAVRE-MOT
MÉERT
MÉERT

♛パリに行ったら必ず訪れたい 18 アドレス

パティスリー・ジル・マルシャル
(Pâtisserie Gilles Marchal) → P.157
近くに焼き菓子専門店もオープン。

フ・ド・パティスリー
(Fou de Pâtisserie) → P.155
週替りでフランス全土のお菓子も。

カール・マルレッティ
(Carl Marletti) → P.154
どのお菓子も濃厚でパリらしい味。

ストレー
(Stohrer) → P.157
ババやピュイダムールが名物の老舗。

キャラメル・パリ
(Karamel Paris) → P.155
ラデュレ出身コンビのキャラメル専門店。

リベルテ
(Liberté) → P.156
ヴァニラのタルトが人気。パンもある。

セバスチャン・ゴダール
(Sébastien Gaudard) → P.157
洗練された空間のサロン・ド・テも。

ヤン・クヴルー・パティスリー
(Yann Couvreur Pâtisserie) → P.157
美しいエクレア、ミルフィーユも斬新。

ジャック・ジュナン
(Jacques Genin) → P.155
最愛の店。マンゴーキャラメルは必食。

ボントン
(Bontemps) → P.154
可愛い、美味しい、軽やかな味。

デ・ガトー・エ・デュ・パン
(Des Gâteaux et du Pain) → P.154
お菓子のほか、クロワッサンも好き。

ラ・パティスリー・デ・レーヴ
(La Pâtisserie des Rêves) → P.155
近未来的な可愛さ。甘いパンも◎。

ブレ・シュクレ
(Blé Sucré) → P.154
大きなクロワッサンが魅力的。

パティスリー・カレット
(Pâtisserie Carette) → P.156
美しいサロン・ド・テでクープを。

メール　マレ店
(Méert Marais) → P.156
リールの老舗。チョコもかわいい。

ユヌ・グラス・ア・パリ
(Une Glace à Paris) → P.157
アントルメ・グラッセが美しい。

ブロークン・ビスキュイ
(Broken Biscuits) → P.154
人気のアメリカ系焼き菓子店の筆頭。

パティスリー・クリストフ・ミシャラク
(Pâtisserie Christophe Michalak)→ P.157
個性的な味。イケメンシェフでも有名。

P

Pêche

ペッシュ／桃

岡山に住んでいた頃、母と「倉敷アイビースクエア」でお茶をするのが好きでした。そこで私が頼むのは決まってピーチメルバ。桃のシロップ漬けにヴァニラアイスクリーム、赤いソースがパフェグラスに乗っている可愛らしさ。「美味しいね」といつもうなずき合いながら食べていたものです。

ピーチメルバは、近代フランス料理の父と呼ばれる、ジョルジュ・オーギュスト・エスコフィエが憧れの歌姫・メルバのために作ったデザートといわれています。白からピンクのグラデーションがなんとも優雅で、桃の柔らかい甘さとヴァニラアイスクリームのハーモニー。そこにフランボワーズの華やかな酸味が加わって……今でも私の大好物です。

岡山県出身なこともあり、すべての果物の中で桃が一番好きな私。うっとりするくらい甘く、水分をたっぷり含んで柔らかく、素晴らしい香りの白桃は、日本産が一番だと思います。

でも、ちょっと固くてちょっと酸っぱいフランスの桃も好き。6月から夏にかけてマルシェにはさまざまな桃が並びます。「ペッシュ・プラ」と呼ばれる平べったい桃は、見た目に反して甘くてジューシー。ネクタリンは白（*Blanc*（ブラン））と、日本でもおなじみの黄色（*Jaune*（ジョーヌ））がありますが、白の「当たり」に出合うと、私の中の桃No.1が揺るぎかけるほどの美味しさです。

いつもマルシェで探しているのは、「ペッシュ・ヴィーニュ」と「ネクタリン・ヴィーニュ」。真紅が美しく、とろけるように美味しい素晴らしいコンフィチュールでいただいて以来、フレッシュなものはどんな味だろうと想像し、いつか出合えるといいな、と思っています。

ピーチメルバ

（作りやすい分量）ラズベリーソースを作る。冷凍ラズベリー50gにグラニュー糖大さじ1をほぐすように混ぜ、耐熱容器に入れ、ラップをかけずに電子レンジで1分加熱し、ざるなどでこす。器にヴァニラアイスクリームと食べやすく切った桃のコンポート（缶詰またはP.066）を盛る。しっかりと泡立てた生クリームと水切りヨーグルトを2:1で合わせ、好みで甘みをつけたクリームをしぼり、ラズベリーを盛り、ソースをかける。

Petit-déjeuner

プチデジュネ／朝ごはん

左上・右上：焼きたてのパンをコーヒーと一緒にお店の外の席で食べられる「ブレ・シュクレ」。向かいは公園で気持ちいい。左下：パリのプチホテルの典型的な朝ごはん。パンとジャムがたくさん出てきます。右下：「クラウス・パレ・ロワイヤル」は好きなものを選んでいただくスタイルの朝食専門店。

フランスに来て、「あれ？ 想像していたのと違う」、そう思う人もきっと多いのではないでしょうか。フランスの朝ごはんはバゲット（しかも、決して焼きたてではない）にジャムとバター、カフェクレームだけ。お隣の国のイギリスの朝食をイメージしているとその素っ気なさにがっかりするかもしれません。それでも大抵は数種類のジャムがあり（そのうちいくつかは手作りだったりして）、ボウルでカフェクレームを飲めば気分も盛り上がります。

週末になると、ちょっと違います。私がホームステイしていたおうちでは、美味しいと評判のブーランジュリーまで男性陣の誰かがひとっ走り。多少遠くても、焼きたてのクロワッサンやパン・オ・ショコラを買ってきてくれるのです。そういえば、週末に友人カップルのおうちに泊まったときも、朝、パンを買いにいくのは必ず彼の方でした。「ヨーコはクロワッサンが好きだったよね？」と。

バターと粉、イーストの香ばしい香り、サクサクハラハラと口の中で崩れるような焼きたてのクロワッサンはきっと世界で一番美味しい朝ごはんのひとつです。

そこかしこにパン屋さんがあるパリ。決して大した手間ではないのだけれど、好きな人が焼きたての朝ごはんを買ってきてくれるなんて、そして、それがどの家でも当たり前のこと？ だとしたら、パリの週末の朝ってなんて素敵なんだろうと思います。

♛ 週末の朝、パンを買いに行きたいお店
ポワラーヌ（Poilâne）→ P.157
デ・ガトー・エ・デュ・パン（Des Gâteaux et du Pain）→ P.154
ブレ・シュクレ（Blé Sucré）→ P.154
デュ・パン・エ・デジデ（Du Pain et des Idées）→ P.154

♛ 美味しい朝ごはんのお店も増えています
クラウス・パレ・ロワイヤル（Claus Palais-Royal）→ P.154
キャラメル・パリ（Karamel Paris）→ P.155

Q

Quatre-quarts

カトルカール

バターと砂糖、卵と粉。4つ（*Quatre*）の材料を4分の1（*Quart*）ずつ合わせて作るお菓子。それがカトルカールです。

卵と砂糖をボウルで泡立てて、溶かしバターを加え、粉類を。昔からの作り方では、ベーキングパウダーは入りませんから、卵はふんわりさせるために頑張って泡立てたいところです。この配合だと、甘く感じる人もいるかもしれませんが、やっぱり基本の味、私は美味しいなあと思います。
「砂糖を減らして、すこしコクのある茶色いものを使ってみよう」とか、「少しはちみつを入れよう」とか。この配合から好きにアレンジもできるし、これまでもそうやっていろんなお菓子が生まれてきたのではないでしょうか。

小学校低学年の頃、買ってもらった今田美奈子さんの本でとりわけ気になっていたまあるいカトルカール。同い年くらいのフランス人の女の子が2人、ミトンを手に、オーブンから取り出している写真がありました。カステラみたいだけど、焼き色は柔らかくて、絵本『ぐりとぐら』のケーキみたい。どんな味なんだろう。ショートケーキみたいなのかな？　今川焼きっぽいのかな？　ずっとずっと思い描いていたカトルカール。実際に食べてみると甘く、芳醇なバターの香りが思ったよりしっかり。フランス家庭で気軽に作られる素朴な焼き菓子は、なんだか優しくて、ホットミルクに合わせていただきたい味でした。

カトルカール

（直径15*cm*丸型1台分）バター100*g*を溶かし、保温しておく。ボウルに卵2個（約100*g*）を溶き、きび砂糖100*g*を加え、湯せんにかけながらもったりするまで泡立てる。薄力粉100*g*をふるい入れ、ゴムべらでさっくり混ぜる。温かい溶かしバターを加え、つやが出るまで混ぜ、クッキングシートを敷き込んだ型に流し入れて180℃に予熱したオーブンで30〜40分焼く。

R

Raisin

レザン／レーズン

大学の休みにパリで製菓学校に入りました。中級から途中入学の私は9割近い日本人の女の子の仲良しチームにうまく馴染めず、前年に見学したニューヨークの学校の方が実用的なカリキュラムかもしれない、と、ややパリ留学を諦めかけていました。

そんな中、母が電話をかけてきました。「同級生の友人がパリでお菓子屋さんをやっているんだって。気晴らしに行ってみれば？」と。

それが「アンジェリック・チバ」でした。マドレーヌ寺院に近く、ひっそりと街に馴染んでいるお店。今でこそパリで活躍中の日本人パティシエはたくさんいるけれど、おそらく千葉好男さんは初めてパリにパティスリーを出された日本人ではないかと思います。いきなりうかがった私に、千葉さんはニコニコ、今、スタージュエール（研修生）がいるよ、と教えてくれました。

彼女に会って、私は初めて「エコール・グレゴワール・フェランディ」の存在を知りました。「とてもいい学校だよ。学校のない日はスタージュのためにここに来てるの。学校では基礎の実技は多くて、ためになるよ」。

そう楽しそうに言う彼女の話に私はワクワクし、1年後に受験。その学校に通うことになったのです。今でもあの製菓学校時代は人生で一番楽しかったと思っています。あのとき、千葉さんがたまたま彼女を紹介してくれなかったら、私はパリの魅力を知る機会がないままだったかもしれません。

帰り際、千葉さんのお菓子を買いました。ショーケースにはバターたっぷりのクラシックなフランス菓子が何種類も。その中に大好きなレーズンサンドを発見。家で食べながら、ふと「レーズンサンドってパリで見かけたことない」と気づきました。バターたっぷりのサブレに濃厚なクリーム。お酒の効いたレーズンは、いかにもフランス菓子なのに、あれは日本のお菓子なのかも知れません。食べながらとても懐かしい気持ちになりました。

パリの街角に溶け込んでいる千葉さんのお店同様、千葉さんのレーズンサンドは日本を主張することなく、街の人に慕われているようでした。

♕ 転機を与えてくれた千葉さんのお店
アンジェリック・チバ（Angélique Chiba）→ P.154

RECETTE 34

秋に食べたくなるさつまいものレーズンサンド

材料（約3×6*cm* 12個分）

クッキー
- バター　60*g*
- 粉砂糖　35*g*
- 卵黄　1個
- アーモンドパウダー　20*g*
- 薄力粉　90*g*
- ベーキングパウダー　小さじ½
- 塩　ひとつまみ

フィリング
- 安納いも　½本（約80*g*）
- メープルシロップ　大さじ1
- きび砂糖　大さじ1
- バター　100*g*

ラムレーズン
- グラニュー糖　大さじ2
- ラム酒　大さじ2
- 水　50*mℓ*
- レーズン　50*g*

下準備

・小鍋にラムレーズン用のグラニュー糖と分量の水を入れて沸騰させ、ラム酒とレーズンを入れて火を止め、ひと晩おく。使う直前に汁けをきる。

・バターはそれぞれ室温に戻す。

・アーモンドパウダー、薄力粉、ベーキングパウダー、塩を合わせてふるう。

作り方

1　クッキー生地を作る。ボウルにバターを入れて練り、粉砂糖を加えてゴムべらで混ぜ、卵黄を加えて混ぜる。ふるった粉類を加え、さっくりと混ぜてまとめる。

2　ラップを30×50*cm*に2枚切り出し、十字に重ねる。**1**をのせ、ラップをかぶせ、周囲が約20×26*cm*になるように折り、めん棒を転がして厚さを均等にのばす。冷蔵庫（暑い時期は冷凍庫）で15分ほど休ませる。

3　ラップをはずしてクッキングシートの上にのせ、冷凍庫で15分ほど休ませる。

4　フィリング用の安納いもはよく洗ってアルミホイルで包み、予熱をせず、180℃に設定したオーブンで焼きはじめる。

5　**3**の生地は型で抜くか、端を切りそろえて約3×6*cm*（24切れ）にカットする。

6　**4**のオーブンが15分ほどたったら、**5**を一緒に入れ、12〜15分、色づくまで焼く。

7　安納いもは熱いうちに皮をむき、メープルシロップ、きび砂糖、バターを加え、泡立て器でなめらかになるまでつぶす。さらにラムレーズンも加えて混ぜる。

8　**6**のクッキーが冷めたら、2枚1組にし、**7**を挟む。

Rhum

ラム／ラム酒

ラム酒で思い出すのは製菓学校時代に仲良しだったジャン＝フィリップ。ラム酒の瓶を取り出すたびにニカッと笑い、「故郷の味だよ」とウィンクします。彼はマルティニーク島の出身でした。とても背が高くて足が長く、褐色の肌が美しい。でも、ぶっちゃけ粗雑、お菓子を作るイメージとは程遠く、なぜお菓子を勉強しているのか不思議で仕方ありませんでした。ある日、「なぜお菓子を勉強しているの？」と尋ねた私に、「第一志望の学校にしくじったから」と、あっさり。このとき、私は彼が使った「*Rater*（しくじる）」の意味がわからず、「ラテって何？」と聞き返し、彼はニコニコしながら何度も何度も言葉を変えて、いかに自分が学校に落ちたかを説明してくれました。皆が笑うなか、途中で意味がわかって冷や汗が出たのを覚えています。

「僕の夢は陽の光がサンサンと入る厨房のあるお菓子屋さんを作ることなんだ！ パリのお菓子屋さんの厨房は、なんで地下ばかりなのかなぁ。気持ちよく作った方が絶対美味しいものが作れると思わない？」。そう、よく言っていました。いつもリズムをとりながら材料を量っていたジャン＝フィリップ（そして、当然ながらこぼしていたジャン＝フィリップ……）。

今頃マルティニーク島に、明るくて陽気なケーキ屋さんができているかもしれません。いつの日か遊びに行ける日を楽しみにしています。

ドライフルーツのラム酒漬け

ドライフルーツは、オイルコーティングしてあるものは熱湯をかけ、100℃のオーブンで10分ほど加熱して乾かす。保存瓶などの容器に入れ、ラム酒をひたひたになるまで注ぐ。1週間以上寝かせると美味しく、半年くらいまで保存可能。

DUQUESNE
Amiral Duquesne
100 cl

Schlesinger & Willoughby
MON COURS DE CUISINE
PIERRE-LOUIS VIEL
PIERRE-LOUIS VIEL

S

Sablés

サブレ

サブレは、小麦粉と砂糖、たっぷりのバターをしっかりと焼ききったシンプルなフランスのお菓子です。

とりわけ有名なのは、老舗のパン屋さん「ポワラーヌ」。ずいぶんと値段が高くなってしまったけれど、昔は（箱入りのサブレはお高いのに）たっぷり入った袋入りは「なんでこんなに安いの！」というお値段でした。焼き色のムラがありますが、ここでは私は一番薄めの焼き色を選び、家でリベイクしていただくのが好きです。ひと口目に「うわぁ、美味しい！」と思う強烈さはないのですが、「ああ、美味しいな」となんだかついつい食べてしまう優しい味。サブレの食感はかなり固め。ずいぶんと長い時間焼いているのではないかという気もします。だからなのか、日にちが経ってもあまり味も変わりません。買ってしばらくしてから、「あれ、まだあった！」と見つけてはニマニマしながらリベイクして、ミルクティを飲むのが幸せです。シンプルな材料なだけに、同じような味にするにはバターと粉のクオリティが求められます。フランスの小麦粉は中力粉に近いといわれていてサラサラなので、日本で似たようなサブレを作るなら強力粉を混ぜるか、フランス産の小麦粉を使うといいと思います。

パリで好きなサブレをもうふたつ。まずは「デ・ガトー・エ・デュ・パン」の「ディアモン・オ・ショコラ」。このお店の目の前に住んでいた友人は、ここのラインナップのスペシャリスト。綺麗なお菓子に目がいきますが、どちらかというとパンの方が美味しい（そしてお菓子に比べてお値打ち）と言います。そんな中で、「ディアモン・オ・ショコラだけは、高くてもつい自分へのご褒美として買っちゃうの」と言うだけあって、これぞ、パティスリーのサブレだなぁと思うひと品です。ココアの生地にビターで濃厚なチョコレー

トが細かく入り、ザクッとした食感がなんとも心地いい（ちなみにほかのサブレはものすごく普通です）。卵は卵黄のみ使っているのかな？　どうしても全く再現できなくて、パリのパティシエの知人に聞いたら、そもそも使うバターの水分量が日本と違うのではないか、とのことでした。

そして、もうひとつは、何もかも可愛い「ボントン」。パティシエ出身ではない女性がオーナーというだけあって、インテリアのそつのないキュートさに、味は二の次な感じがしていたのですが、「あそこはハズレがないよ。置いてあるお菓子が新鮮なんだよね」と友人のパティシエから聞かされて訪問。壁紙から棚、ディスプレイ、オリジナルの保冷バックに至るまで、もう、すっごく可愛い!!　女の子ならみんな好きな世界観では？と思います。

ひとつひとつ可愛いお菓子が並ぶショーケースは、よく見れば多くがサブレからのアレンジです。たくさんの種類の生地を作れば、その分冷凍もロスも増える。けれど、ひとつの生地なら美味しいまま可愛いお菓子をいろいろ提供できます。なるほどねぇ、と納得。小さなサブレのタルトレットサンドも可愛い！　口に含むとサクサクホロホロと柔らかに崩れる食感に、どうやったらこんなに繊細な食感になるのかしら？　砂糖は粉砂糖で、卵は卵黄だけ？　それとも入ってない？　などといろいろ想像が尽きない美味しさです。「ポワラーヌ」とは正反対の優しい食感、でも、ふたつともバターと小麦粉を味わうフランスらしいお菓子だと思います。

♛ パリで大好きなサブレのお店
ポワラーヌ（Poilâne）→ P.157
ボントン（Bontemps）→ P.154
デ・ガトー・エ・デュ・パン（Des Gâteaux et du Pain）→ P.154

RECETTE 36

ポワラーヌ風のサブレ

材料（作りやすい分量）
薄力粉（エクリチュール）
　140*g*
グラニュー糖　60*g*
塩　ひとつまみ
バター　70*g*
卵液　½個分

下準備
・バターと卵液は室温に戻す。
・天板にクッキングシートを敷き込む。
・オーブンを170℃に予熱する。

作り方
1　ボウルに薄力粉、グラニュー糖、塩を入れてざっと混ぜる。
2　バターを加え、手でつぶすように混ぜる。卵液を加えて混ぜ、ひとまとめにする。
3　ラップを広げ、2をのせ、さらにラップをかぶせる。めん棒で厚さ4*mm*にのばし、冷蔵庫で1時間以上休ませる。
4　好みの型（写真は直径4.5*cm*の菊型）で抜く。
5　170℃のオーブンで15分ほど焼く。

RECETTE 37

ボントン風のサブレ

材料（作りやすい分量）
バター　80*g*
粉砂糖　30*g*
薄力粉（エクリチュール）
　100*g*
塩　ひとつまみ

下準備
・バターは室温に戻す。
・天板にクッキングシートを敷き込む。
・オーブンを170℃に予熱する。

作り方
1　ボウルにバターを入れてスイッチを入れていないハンドミキサーですり混ぜ、粉砂糖を加え、スイッチを入れ、低温でふんわりするまでゆっくり泡立てる。
2　薄力粉と塩をふるい入れ、ゴムべらに持ち替えて切るように混ぜる。
3　ポワラーヌ風と同様にのばし、型抜きし、焼く。

S

Salon de thé

サロン・ド・テ

パリにはカフェとサロン・ド・テがあります。昔はサロン・ド・テの方が高級で、美味しいケーキが置いてあったりするイメージでした。テは紅茶のことですから、カフェに比べて紅茶をちゃんと淹れてくれるところ、という感じでしょうか。今では割とラフなお店もあり、違いは曖昧です。

マレに好きなサロン・ド・テがありました。扉を開けると防寒のため、さらにボルドー色のビロードでできた重いカーテンがかかっています。壁はくすんだオレンジピンク。展覧会のポスターが無造作に貼られ、いろんな形のテーブルと椅子があり、客はそれぞれお気に入りのスペースがあります。中はパリらしく少し薄暗くて鰻の寝床。エントランスからは想像できないほど綺麗な中庭が奥に見えます。私は入ってすぐの席を選び、歩道より少し低い椅子に座って、早歩きの人たちを眺め、友人を待つのが好きでした。店員さんはパリらしく愛想のない女性たちです。黒板に書かれたお菓子はよくあるラインナップ。スコーン、ガトー・ショコラ、ケーク……シンプルで家庭的で味の想像がつくものばかり。製菓学校の毎日で甘いもの漬けだった私は、結局一度も頼むことはありませんでした。飲み物は、コーヒーも紅茶もショコラ・ショーもヴァン・ショーもどれを頼んでもきちんと美味しかった。アイスクリームはサンルイ島の「ベルティヨン」のものでした。

あんなに好きなお店だったのに、帰国してからずいぶん長い間そのお店に行きたいと思いませんでした。おそらく、あのお店は私にとって、外の世界と切り離された空間でゆっくりとした時間が流れるのを楽しむ場所。旅行で訪れる、せわしないパリでは味わいたくなかったのかもしれません。数年前にふと思いたって探してみたら、もうそのお店はありませんでした。あのお店のお菓子はどんな味だったのかしら。と、今でもときどき思うのです。

左上：アイドルタイムにお茶のできるリヨン駅内の「ル・トラン・ブルー」。右上：モスケの中庭にある「サロン・ド・テ・ド・ラ・モスケ」。左下：「ル・カフェ ジャックマール＝アンドレ」は邸宅美術館の中にあります。右下：セレクトショップ「メルシー」の創業者夫婦が開いたカフェ「ミス・マープル」はさすが、素敵な空間。

♛ 美味しくて、素敵な空間のサロン・ド・テ

ジャック・ジュナン（Jacques Genin）→ P.155
パティスリー・カレット（Pâtisserie Carette）→ P.156
キャラメル・パリ（Karamel Paris）→ P.155
サロン・ド・テ・ド・ラ・モスケ（Salon de Thé de la Mosquée）→ P.157
ラ・シャンブル・オー・ゾワゾー（La Chambre aux Oiseaux）→ P.155
ミス・マープル（Miss Marple）→ P.156
ル・カフェ・ジャックマール＝アンドレ（Le Café Jacquemart-André）→ P.156
ル・トラン・ブルー（Le Train Bleu）→ P.156
カフェ・プーシキン（Café Pouchkine）→ P.154

英国風の紅茶に合うスコーン

材料（直径約4*cm* 8個分）
強力粉　150*g*
ベーキングパウダー　小さじ2
きび砂糖　25*g*
バター　20*g*
卵　1個
生クリーム　50*mℓ*
牛乳　大さじ2
カランツ　大さじ1

下準備
・バターは2*cm*角に切り、冷蔵庫で冷やす。
・カランツはさっと湯通しする。
・天板にクッキングシートを敷き込む。

作り方
1　ボウルに強力粉、ベーキングパウダー、きび砂糖を入れ、泡立て器でざっと混ぜる。冷たいバターを加え、カードで細かく切り混ぜる。
2　バターの粒がさらさらになるまで指ですりつぶす。半量の卵液、生クリーム、牛乳を加えてさらにカードで切り混ぜ、カランツも混ぜる。しっかりこねてひとまとめにする。
3　打ち粉（強力粉、分量外）をふった台にのせ、めん棒でのばして4つにたたみ、冷凍庫で30分以上休ませる。
4　めん棒で厚さ2*cm*にのばし、直径4*cm*ほどのグラスで抜き、冷凍庫で20分（または冷蔵庫で1時間）以上休ませる。オーブンを200℃に予熱する。
5　表面に残りの卵液を塗り、200℃のオーブンで15分ほど焼く。

このところ気に入っている焼き菓子たちで、おうちでもサロン・ド・テ。目の詰まった、キメの細かい英国風のスコーン、マドレーヌ（P.088）や、ボントン風のサブレ（P.127）には好きなクリームを挟んで仕上げます。

S

Supermarché

シューペルマルシェ／スーパーマーケット

どこの国を旅していても、旅人にも優しく楽しいところ、それがスーパーマーケット。比較的高めでオリジナル商品が多彩な「モノプリ」は、おしゃれブランドのいいところをいち早く取り入れて人気（真似っこしてるともいう）。ほかに「フランプリ」「カジノ」「カルフール」「G20」などもあります。

スーパーで買うものといったら、パティスリーの味とはまた違った魅力の、安価なチョコレート菓子たち。「リュー」が作っている「プチ・エコリエ」のミルクチョコ味は住んでいるときにしょっちゅう食べていたし、「ムッシュ・プランス」は先日初めて食べたら、意外とくせになる味でした。紫色のパッケージの「ミルカ」は子どもたちが大好きです。これらは日本でのポッキーのように気軽につまむお菓子です（ちなみにポッキーはなぜか「ミカド」という名前で売られています）。日本にも上陸している「ボンヌ・ママン」も、種類が豊富で可愛いのでお土産にいいかもしれません。「ミシェル・オギュスタン」の甘くないサブレシリーズは、シェーブルとローズマリーといった、いかにもフランス的な組み合わせばかりで魅力的。裏を見ると原材料と全てのパーセンテージが書いてあるので、お菓子好きなら「シンプルだから作ってみようかな」と挑戦できそうなのも楽しいです。

それぞれのスーパーでは、プライベートブランドのお菓子も美味しいです。箱の裏を見て、材料がシンプルなものがおすすめ。バターの含有率も書いてあり、多いとやっぱりリッチな味わいになります。「カジノ」の「赤い実のサブレ」はバターの濃さと赤い実の甘酸っぱさのコンビがお気に入りです。

そうそう、スーパーでひとつ、日本との大きな違いは、レジ打ちの店員さんが座っていること。商品をかごから出すのも、袋に詰めるのもお客さん。店員さんは商品のバーコードを合わせて商品を流し、金額を言うだけです。随分と楽そうなので、日本でも導入されればいいのに、と、いつも思います。

♛ 夜までやっている大型スーパー
モノプリ　サンジェルマン・デ・プレ店（Monoprix St-Germain des Prés）→ P.156
モノプリ　シャンゼリゼ店（Monoprix Champs-Élysées）→ P.156

T

Tartines
タルティーヌ

タルティーヌは、パンに何かを塗った食べ物のこと。バゲットにバターとジャムを塗ればタルティーヌです。学生時代、カフェで可愛い名前の割にそっけないものが出てきてがっかりしたのを覚えています。

有名なパン屋さんの「ポワラーヌ」が、看板商品のパン・ド・カンパーニュを薄切りのトーストにし、その大きな断面にいろんなものをのせた料理を出すお店を隣に開いた頃から、パンにいろんなものをのせた、カナッペやオープンサンドといわれるものを「タルティーヌ」と呼び始めたように思います。今ではおしゃれなレシピ本もいろいろと出ています。

大きなパンならブランチに、小さく作ればおつまみに。

チーズやハム、パテ、フルーツなど、フランスの美味しいものをこれまたフランスの美味しいもの代表のパンにのせるだけ。彩りを考えながらのせれば素敵なタルティーヌになります。

RECETTE
39-44

甘いタルティーヌ

柿と金柑
バゲットにマスカルポーネを塗り、薄く切った柿と金柑の甘煮を重ね、砕いたくるみをのせる。

ジャムと胡椒
バゲットにマスカルポーネを塗り、好みのジャムを重ねる。粗挽き黒胡椒を散らす。

チョコレートといちじく
バゲットにバターを塗り、板チョコを割ってのせ、小さめに切ったドライいちじくをのせる。好みで塩をふる。

甘くないタルティーヌ

卵とアスパラ
刻んだゆで卵とマヨネーズ、粒マスタードを混ぜてバゲットにのせ、ゆでたアスパラガスを添える。

スモークサーモン
バゲットにクリームチーズを塗り、スモークサーモンと、スライスして、塩と酢でもんだ紫たまねぎをのせる。

スパイシーアボカド
アボカドにレモンまたはライムをしぼってつぶし、バゲットに塗る。パクチーを添え、カレー粉をふる。

U

Ustensile

ユストンスィル／調理道具

学校に通い出して、私が自主的に買ったのはめん棒でした。日本で使われているものよりもっと太く重い。木の種類によって値段と重さが変わります。私は手が小さく、腕力もないけれど、少し背伸びして重いものを買いました。やはり慣れると、重くて大きなめん棒は力が均等に入ります。

いわゆる便利なものは日本製が多いのだけれど、製菓道具はなんだかわからないけどフランス製のものがいいな、と思うことがよくあります。お気に入りはマトファーのパウンド型と泡立て器。シンプルなブリキのパウンド型は、液体を入れたら漏れたりするものも中にはあるし、錆びやすいのできちんと乾かさないといけません。もっとよさそうなものもあるのに、でき上がったケークのエッジの立った造形の美しさは他の追随を許しません。

泡立て器も、針金の本数じゃないのでしょう。しなり具合が絶妙で、つい手に取ってしまう使いやすさです。こちらもめん棒同様、大きさ、長さがいろいろあります。手にしっくり馴染む、というのも大切ですが、泡立て器はお持ちのボウルの大きさに合わせて選んだほうがいいと思います。ボウルが小さいのに、泡立て器が大きいととても作業しづらいのです。

型の種類でフランス的だな、と思うものはタルトリング。フランスではタルトは底面のないリングで焼きます。これなら底が直接天板に当たるため、しっかり火を入れられるのです。型に生地を敷き込むことをフォンサージュといいますが、リングできちんとフォンサージュされたタルトはとても美しく、エッジがキリッと立っています（ただし、綺麗にフォンサージュできていなければ、底がないので容赦なく漏れます）。

最近は、リングに穴が空いているものも見かけるようになりました。これは通気性がよく、よりサクサクに仕上がるのだとか。日本で買うとなかなかのお値段なのでフランスで見つけたらおすすめです。

♛ 調理道具と製菓用品を買いに行くお店

ア・シモン（A.Simon）→ P.154
ル・ボン・マルシェ（Le Bon Marché）→ P.156
ギャラリー・ラファイエット（Galeries Lafayette）→ P.155
モラ（Mora）→ P.156
ウー・ドゥイルラン（E.Dehillerin）→ P.155

V

Vanille

ヴァニーユ／ヴァニラ

高級エピスリーでは、ヴァニラも、有名なマダガスカルやタヒチだけではなくいろんな産地のものを買うことができます。ただしお値段は高めです。私が今までで一番立派だなあと思ったのはスリランカで購入したものですが、黒々として太く、ツヤツヤ。中にはびっしりビーンズが入っていました。パリで買ったらいくらするんだろう、高すぎて買えないかもしれません。

お菓子の香りで一番に浮かぶのはヴァニラではないでしょうか。上質のヴァニラは決して甘ったるくなく、とりわけ卵を使ったお菓子の生臭さを消し、なんとも魅惑的な香りを与えてくれます。少量でも値段だけの効果をもたらしてくれるから、量はケチっても本物を使いたいところ。惜しまず買ってしまいます。

ヴァニラビーンズとエッセンスは別物です。「ヴァニラ」はヴァニラビーンズのこと……と、今では本に書いている私ですが、子どもの頃初めて嗅いだヴァニラはもちろんビーンズではなく、小瓶に入ったヴァニラエッセンスでした。卵とホイップクリームを母がぐるぐると混ぜてエッセンスを数滴。それだけでヴァニラアイスクリームができる！ あんな数滴であんなに美味しいんだから、あれだけを食べたらすっごい美味しいのかも!?と思って舌に直接ヴァニラエッセンスを落として苦さに目を白黒させました。厳密にはヴァニラではないけれど、あの人工的な甘い香りもちょっと懐かしい今日この頃です。

ところで、ヴァニラビーンズはとても高価なので、中をしっかり使ったらさやを少し乾燥させて、グラニュー糖と一緒に保存します。ある程度たまったらミキサーにかけると、ヴァニラシュガーのでき上がり。フランスではスーパーでも手頃に変えますが、手作りすれば香りも強くておすすめです。

♛ 上質なヴァニラビーンズを買いに行くお店

イズラエル（Izraël）→ P.155
ジェー・デトゥ（G.Detou）→ P.155
エピス・ロランジェ（Épices Roellinger）→ P.155

RECETTE 45

洋なしのロースト アングレーズソース添え

材料（2人分）
洋なし　1個
グラニュー糖　小さじ1～2

アングレーズソース
- 卵黄　3個分
- グラニュー糖　50g
- ヴァニラビーンズ　1/3本
  ⇒ヴァニラシュガーを使う場合は、
  グラニュー糖の小さじ1を置き換え、ヴァニラビーンズは使わない。
- 牛乳　250mℓ

クランブル
- アーモンドパウダー、きび砂糖、
  薄力粉、バター　各30g

下準備
・クランブルを作る。材料をボウルに入れて手ですり混ぜ、そぼろ状にする。
　冷凍庫に入れておく。
・オーブンを190℃に予熱する。

作り方

1　洋なしは縦半分に切り、種をくり抜き、グラニュー糖をふり、クランブルをのせ、180℃のオーブンで20分ほど焼く。

2　アングレーズソースを作る。卵黄に2/3量のグラニュー糖を加え、泡立て器で白っぽくなるまで混ぜる。

3　ヴァニラビーンズは縦に割き、ナイフの背で種をこそげとる。

4　小鍋に牛乳、残りのグラニュー糖、さやごとの**3**を入れて弱火にかけ、沸騰直前まで温める。

5　**2**に半量の**4**を加えてよく混ぜ、鍋に戻し入れ、ゴムべらでたえず混ぜながら、とろみがつくまで弱火で火を通す。一度こし、氷水を当てて冷ます。アングレーズソースの完成。

6　皿に**5**をスプーンでのばし、**1**を盛りつける。あればヴァニラのさやを飾る。

＊残ったアングレーズソースは冷凍し、ミキサーにかけるとヴァニラアイスクリームになります。
クランブルも多めに作って冷凍保存可能です。

Vin

ヴァン／ワイン

ワインに詳しい人たちがまわりにいて、少なからず美味しい思いをさせてもらっています。エチケットを覚えておこうと思うのですが、年代や保存状態にもよるワイン。同じ美味しさに巡り合うことはない気もします。

そんな私がよく飲むのは、冬の日のヴァン・ショーです。フランスのカフェで飲むヴァン・ショーは、だいたい角砂糖とシナモンスティックしか入っていないけれど、たまにオレンジが入っていたり、はちみつが添えられていたり。温められているのでアルコールも少し飛び、飲みやすい。作るときはワインは安いもので十分です。

パリの寒さは気温ではそこまででもないのに、石畳と石造りの家のせいか、体の芯から凍りそうなときがあります。まっすぐ帰らず、ヴァン・ショーを飲んで、ひと息。カフェから暗く、どこまでもグレーな冬のパリを眺めていると外国人の自分もパリの一部になったような気分でした。

家でワインを“ひとり飲み”することは、ヴァン・ショー以外あまりありません。別にお酒が弱いというわけではなく、私にとってワインは美味しい食事と一緒にいただく飲み物。それは大好きな友人たちと語り合う時間でもあります。同じワインを見つけられたとしても、ひとりではあの美味しさには出合えない、そうわかっているから、飲むことが少ないのかもしれません。

スイスの友人に教わったヴァン・ショー

(1人分) 小鍋にグラニュー糖大さじ2を入れて中火にかけ、いじらずに焦がし、キャラメル色になったら火を止める。赤ワイン150mlを注ぎ、オレンジのスライス1～2枚と好みのスパイスを入れ、弱火で温める。シナモンスティックを添えても。

Wa

和

フランス人は思ったより「美味しい」の間口が広い。住んでいて、そう感じたことがしばしばあります。たまたまかもしれませんが、イタリア人の友人などは、イタリアが一番大好き！ その中でも自分の地方、街が一番美味しい！ さらにその中でも、うちのマンマが作るのが一番！と、どこまでも狭いのですが、フランス人は私が持って行った梅酒や柚子胡椒などに「何なに!?」と興味津々です。まわりにいる友人だけでない証拠に、お酒、味噌、柚子、豆腐などは、和食材のお店に行かなくても、パリではおしゃれヘルシー系のお店に並んでいたりします。よく考えたら、クスクスも北アフリカ、フォーはベトナム。なんでもかんでも美味しいものを味わって自分の文化に融合させるのは、フランス人の得意技なのかもしれません。

和の製菓材料では、なんといっても抹茶が人気です。日本では苦味のある抹茶にはホワイトチョコなどまろやかなものを合わせますが、フランスでは色で合わせてるのか、ピスタチオやキウイなど緑色のもの、もしくはラズベリーやアプリコットのような酸味が強い果物との組み合わせが多いのが面白い。

最近では、ほうじ茶までも見かけるようになりました。この先、フランス人の目を通して日本の食材がどういうお菓子になっていくのか楽しみです。

上から時計回りに、柚子、金柑、ほうじ茶、きな粉、抹茶、しょうが、白味噌。

抹茶のガトー・ショコラ・ブラン

材料（15*cm*角の角型または直径18*cm*の丸型 1台分）
ホワイトチョコレート　100*g*
牛乳　大さじ2
バター　25*g*
卵　2個
薄力粉　30*g*
抹茶　10*g*
グラニュー糖　30*g*
抹茶（仕上げ用）　適量

下準備
・卵は卵黄と卵白に分ける。
・型にクッキングシートを敷き込む。底が抜けるタイプなら外側をアルミホイルで覆う。
・オーブンを140℃に予熱する。

作り方
1　ホワイトチョコレートは刻み、牛乳と一緒にボウルに入れ、湯せんで溶かす。
2　湯せんからはずし、バターを加えて余熱で溶かす。
3　粗熱がとれたら卵黄を加え、泡立て器でしっかり混ぜる。薄力粉と抹茶をふるい入れ、ゴムべらでさっくり混ぜる。
4　別のボウルに卵白を入れて泡立て、白っぽくなったらグラニュー糖を加え、つのがぴんと立つくらいのメレンゲにする。
5　**3**に半量の**4**を加えて泡立て器でしっかり混ぜ、残りを加えてゴムべらでさっくり混ぜる。型に流し入れる。
6　天板に湯を張り、**5**をのせ、140℃のオーブンで1時間ほど湯せん焼きにする。
7　冷めたら好みの大きさに切り分け、茶こしで仕上げ用の抹茶をふる。

X

Xérès

クセレス／シェリー酒

フランスで暮らした最後の夏。私は結婚が決まり、ウキウキとウエディングドレスを探していました。そのうち素敵なドレスを発見。とてもシンプルなそのドレスを眺めていたら、ウィンドウ越しにマダムと目が合い、笑顔につられて、私はおずおずと店内へ。何を話したのでしょう、しばしおしゃべりをしていたら、マダムが小さなグラスに注いでくれたお酒、それがシェリー酒でした。

明るいけれど時間はもう夜の始まり。白いドレスに囲まれて、お酒をいただく。なんだか大人の女性と認められたような気分です（いつもコックコートを着て、髪をひっつめていたので！）。「フランス人ってこんなに親切だったっけ？」と思いつつ、私はお酒に詳しくなかったので、「これはなんですか？」と尋ねると、「クセレスよ。メロンやアイスクリームにかけると美味しいの」と、マダムが教えてくれました。

クセレスは、スペインのお酒。甘いものはヘーゼルナッツのような香ばしさがあり、それだけでデザートのよう。食後酒にもぴったりです。

フランスの発音は違いますが、シェリーという響きはフランス語の「*Ma*（私の）*chérie*（愛しい女性）」を連想させます。だから、私にとって、シェリー酒は幸せのイメージ。ちなみに、あとで雑誌を見たらそのお店はイギリスブランド。あの親切なマダムはイギリス人だったのかもしれません。

シェリー酒をかけたアイスクリーム　ヘーゼルナッツの焼き菓子添え

（作りやすい分量）皿にアイスクリームを盛り、ヘーゼルナッツの焼き菓子を添え、シェリー酒をたっぷりかける。または焼き菓子をつまみながら、シェリー酒を飲んでも。

ヘーゼルナッツの焼き菓子（10～15個分）⇒卵白1個分と粉砂糖130gをミキサーで撹拌するか、泡立て器でなめらかになるまでしっかり混ぜる。薄力粉40gをふるい入れて、ゴムべらでさっくりと混ぜ、さらにヘーゼルナッツ（皮つきがおすすめ）100gを混ぜる。クッキングシートを広げ生地をのせ、木べらなどで、ヘーゼルナッツを砕きながら混ぜる。まとまってきたら棒状にし、10～15等分して団子状にする。打ち粉（薄力粉、分量外）をして、平べったくのばす。オーブンシートを敷いた天板に並べ、150℃に予熱したオーブンで30分ほど焼く。

Y

Yaourt

《ヤウー／ヨーグルト》

スーパーでぎょっとするほど並ぶヨーグルトの種類。フランスは酪農国なんだなと実感せずにはいられません。

フランスで何度かホームステイを経験した私ですが、決して裕福な家庭ばかりではありませんでした。それでも最後に必ずデザートタイムがあります。そのときに、なぜかよく出たもの、それがヨーグルト。ああ、なるほど、フランス人にとってヨーグルトは朝ごはんになるだけじゃなく、デザートやチーズの代わりになり得るんだ。だからあんなに種類があるんだ、と、妙に納得したものです。

そういえば、私は当時、ヨーグルトのガラス瓶を集めていました。紙パックのものと比べるとちょっと高いのですが白い蓋がプラスチックでパチンと閉まるのが気持ちよくて、洗っては乾かし、再利用。スパイス入れとして、今も使っています。ほかにも、陶器でできたものなどがあってなかなか可愛いので、フランスを訪れたら朝ごはんにヨーグルトを買って食べ、洗って持って帰るのもいいかもしれません。

自家製 ヴァニラ風味のヨーグルト

ヴァニラビーンズ½本分は縦に割いて種をこそげ、牛乳500㎖と一緒に鍋に入れ、沸騰させる。ざるなどでこし、冷たい牛乳500㎖と混ぜ、45℃くらいにする。プレーンヨーグルト100gを加えて混ぜ、炊飯器か魔法瓶に入れ、3〜6時間保温状態にする。

LAIT
DE LA
FERME

Z

Zeste

ゼスト／柑橘の皮

レモンやオレンジといった果物はその一番上の表皮に香りの成分があり、すりおろすととびきりの香りがします。

私が住んでいたニースから、イタリア寄りに電車で40分ほど行くと、マントンというレモンの街があります。イタリアとの国境なので、どこか陽気な雰囲気で、2月にはレモンのお祭りがありました。私は当時この街がとても好きだったので、パリで初めて三ツ星レストランで食事をしたとき、デザートにうやうやしく「マントン産レモンのミルフィーユ」と書かれているのを見つけ、友人が褒められているような気分で嬉しかったのを覚えています。

香りも苦味も強い柑橘の皮を楽しむには、コンフィにするのが一番。調理法も簡単です。日本でも手軽に買えるようになった塩レモンも、レモンの砂糖漬けも、フランス語では「コンフィ」という言葉でまとめられます。

甘いコンフィはもちろんお菓子のアクセントに使うことが多いのですが、パリのビストロでラムのローストをいただいたとき、ラタトゥイユソースに爽やかな、どこかエキゾチックな香りがするような気がして、よく見るとコンフィにしたレモンの皮がほんの少し入っていました。それは甘くてほろ苦いアクセント。ゼストをそんな風に使うのも、面白いと思います。

そうそう、ゼストといえばゼスター。どのスパイスもパウダーよりホールをゼスターですりおろしたほうが美味しいけれど、とりわけナツメグに関しては全くの別ものです。フランス人もそう思っているのか、フランスのスパイス売り場のナツメグにはコロコロとしたナツメグの間に小さくておもちゃのようなゼスターも瓶に入っています。

香りと苦みを楽しむレモンピール

（作りやすい分量）レモン（無農薬）の皮はピーラーで薄く皮をむき、細切りにして水から2回湯がく。計量し、同じ量のグラニュー糖と一緒に鍋に入れ、ひたひたの水を注ぎ、中火にかける。沸騰したら弱火にし、水分がほぼなくなるまで煮詰める。

＊お菓子作りはもちろん、料理やお茶に入れても美味しく使えます。

SHOP LIST

♛ **Angélique Chiba**（アンジェリック・チバ）
28 Rue Vignon, 75009 Paris
→ P.119　転機を与えてくれた千葉さんのお店

♛ **Arpège**（アルページュ）
84 Rue de Varenne, 75007 Paris
→ P.034　デセールにも注目のレストラン

♛ **A.Simon**（ア・シモン）
48 Rue Montmartre, 75002 Paris
→ P.108　モントルグイユ通り界隈のお菓子屋さんとキッチン用品店
→ P.137　調理道具と製菓用品を買いに行くお店

♛ **Aux Merveilleux de Fred**
（オウ・メルヴェイユー・ドゥ・フレッド）
12 Place d'Aligre, 75012 Paris
*ほかにも店舗あり
→ P.093　フランスらしいムラングを楽しむお店

♛ **Blé Sucré**（ブレ・シュクレ）
7 Rue Antoine Vollon, 75012 Paris
→ P.087　マドレーヌを買いに行くお店
→ P.111　パリに行ったら必ず訪れたい 18 アドレス
→ P.115　週末の朝、パンを買いに行きたいお店

♛ **Bontemps**（ボントン）
57 Rue de Bretagne, 75003 Paris
→ P.046　花のお菓子と出合えるお店
→ P.111　パリに行ったら必ず訪れたい 18 アドレス
→ P.126　パリで大好きなサブレのお店

♛ **Broken Biscuits**（ブロークン・ビスキュイ）
10 Passage Rochebrune, 75011 Paris
→ P.111　パリに行ったら必ず訪れたい 18 アドレス

♛ **Café Pouchkine**（カフェ・プーシキン）
16 Place de la Madeleine, 75008 Paris
*ほかにも店舗あり
→ P.060　個性豊かなガレット・デ・ロワがあるお店
→ P.129　美味しくて、素敵な空間のサロン・ド・テ

♛ **Café Verlet**（カフェ・ヴェルレ）
256 Rue Saint-Honoré, 75001 Paris
→ P.107　カール・マルレッティのケーキを食べられる

♛ **Carl Marletti**（カール・マルレッティ）
51 Rue Censier, 75005 Paris
→ P.021　ケーク・オ・シトロンを買いに行くお店
→ P.046　花のお菓子と出合えるお店
→ P.060　個性豊かなガレット・デ・ロワがあるお店
→ P.110　パリに行ったら必ず訪れたい 18 アドレス

♛ **Casse-Noisette**（キャス・ノワゼット）
35 Avenue de l'Opéra, 75002 Paris
→ P.093　フランスらしいムラングを楽しむお店

♛ **Chocolat Cazenave**（ショコラ・カズナーヴ）
19 Rue Port Neuf, 64100 Bayonne
→ P.025　ショコラ・ショーを飲みに行くお店

♛ **Choux D'enfer**（シュー・ダン・フェール）*移動販売のみ
→ P.027　話題のシュー菓子専門店

♛ **Claus Palais-Royal**（クラウス・パレ・ロワイヤル）
14 Rue Jean-Jacques Rousseau, 75001 Paris
→ P.115　美味しい朝ごはんのお店も増えています

♛ **Des Gâteaux et du Pain**（デ・ガトー・エ・デュ・パン）
63 Boulevard Pasteur, 75015 Paris（パストゥール店）
89 Rue du Bac, 75007, Paris（バック店）
→ P.021　ケーク・オ・キャラメルを買いに行くお店
→ P.046　花のお菓子と出合えるお店
→ P.060　個性豊かなガレット・デ・ロワがあるお店
→ P.108　バック通り界隈で寄りたいお店
→ P.111　パリに行ったら必ず訪れたい 18 アドレス
→ P.115　週末の朝、パンを買いに行きたいお店
→ P.126　パリで大好きなサブレのお店

♛ **Du Pain et des Idées**（デュ・パン・エ・デジデ）
34 Rue Yves Toudic, 75010 Paris
→ P.015　美味しいヴィエノワズリーが食べられるお店
→ P.060　シンプルなガレット・デ・ロワがおすすめ
→ P.115　週末の朝、パンを買いに行きたいお店

♛ **E.Dehillerin**（ウー・ドゥイルラン）
18 et 20 Rue Coquillière, 75001 Paris
→ P.137　調理道具と製菓用品を買いに行くお店

♛ **Épices Roellinger**（エピス・ロランジェ）
51 bis Rue Saint-Anne, 75002 Paris
→ P.043　各国の味が揃う食料品店へ
→ P.139　上質なヴァニラビーンズを買いに行くお店

♛ **Fanette**（ファネット）
1 Rue d'Alençon, 75015 Paris
→ P.019　お気に入りのアンティークショップ

♛ **Fou de Pâtisserie**（フ・ド・パティスリー）
45 Rue Montorgueil, 75002 Paris
→ P.108　モントルグイユ通り界隈のお菓子屋さんと
　　　　キッチン用品店
→ P.110　パリに行ったら必ず訪れたい 18 アドレス

♛ **Galeries Lafayette**（ギャラリー・ラファイエット）
35 Boulevard Haussmann, 75446 Paris
→ P.032　フェルベールさんのコンフィチュールが買えるお店
→ P.043　各国の味が揃う食料品店へ
→ P.103　アルジアリのオリーブオイルを買えるお店
→ P.137　調理道具と製菓用品を買いに行くお店

♛ **G.Detou**（ジェー・デトゥ）
58 Rue Tiquetonne, 75002 Paris
→ P.139　上質なヴァニラビーンズを買いに行くお店

♛ **Gérard Mulot**（ジェラール・ミュロ）
76 Rue de Seine, 75006 Paris
*ほかにも店舗あり
→ P.083　大きなマカロンを買いに行くお店

♛ **Herboristerie d'Hippocrate**
（エルボリストリ・ディポクラット）
42 Rue Saint-André des Arts, 75006 Paris
→ P.065　歴史あるハーブ薬局に行ってみる

♛ **Hugo et Victor**（ユーゴ・エ・ヴィクトール）
40 Boulevard Raspail, 75007 Paris
→ P.108　バック通り界隈で寄りたいお店

♛ **Izraël**（イズラエル）
30 Rue François Miron, 75004 Paris
→ P.043　各国の味が揃う食料品店へ
→ P.103　アルジアリのオリーブオイルを買えるお店
→ P.139　上質なヴァニラビーンズを買いに行くお店

♛ **Jacques Genin**（ジャック・ジュナン）
133 Rue de Turenne, 75003 Paris
→ P.025　ショコラ・ショーを飲みに行くお店
→ P.110　パリに行ったら必ず訪れたい 18 アドレス
→ P.129　美味しくて、素敵な空間のサロン・ド・テ
27 Rue de Varenne, 75007 Paris（ヴァレンヌ店）
→ P.108　バック通り界隈で寄りたいお店

♛ **Jean-Paul Hévin Paris Saint-Honoré**
（ジャン＝ポール・エヴァン　サントノレ店）
231 Rue Saint-Honoré, 75001 Paris
*ほかにも店舗あり
→ P.025　ショコラ・ショーを飲みに行くお店

♛ **Karamel Paris**（キャラメル・パリ）
67 Rue Saint-Dominique, 75007 Paris
→ P.015　美味しいヴィエノワズリーが食べられるお店
→ P.108　パリから持ち帰ったお土産たち
→ P.110　パリに行ったら必ず訪れたい 18 アドレス
→ P.115　美味しい朝ごはんのお店も増えています
→ P.129　美味しくて、素敵な空間のサロン・ド・テ

♛ **La Boulangerie Thierry Marx**
（ラ・ブーランジュリー・ティエリー・マルクス）
51 Rue de Laborde, 75008 Paris
→ P.015　美味しいヴィエノワズリーが食べられるお店

♛ **La Chambre aux Oiseaux**
（ラ・シャンブル・オー・ゾワゾー）
48 Rue Bichat, 75010 Paris
→ P.129　美味しくて、素敵な空間のサロン・ド・テ

♛ **La Pâtisserie des Rêves**（ラ・パティスリー・デ・レーヴ）
93 Rue du Bac, 75007 Paris
→ P.015　美味しいヴィエノワズリーが食べられるお店
→ P.027　シュー菓子が美味しいお店
→ P.087　マドレーヌを買いに行くお店
→ P.108　バック通り界隈で寄りたいお店
→ P.111　パリに行ったら必ず訪れたい 18 アドレス

♛ **Laurent Favre-Mot Pâtisserie**
（ローラン・ファーヴル・モ・パティスリー）
12 Rue de Manuel, 75009 Paris
→ P.108　パリから持ち帰ったお土産たち

♛ **L'Avant-Comptoir**（ラヴァン・コントワール）
3 Carrefour de l'Oéon, 75006 Paris
→P.057　ガレットを目当てに行くバール

♛ **Le Baratin**（ル・バラタン）
3 Rue Jouye-Rouve, 75020 Paris
→P.034　デセールにも注目のレストラン

♛ **Le Bon Marché**（ル・ボン・マルシェ）
24 Rue de Sèvres, 75007 Paris
→P.032　フェルベールさんのコンフィチュールが買えるお店
→P.043　各国の味が揃う食料品店へ
→P.103　アルジアリのオリーブオイルを買えるお店
→P.137　調理道具と製菓用品を買いに行くお店

♛ **Le Café Jacquemart-André / Musée Jacquemart-André**
（ル・カフェ・ジャックマール＝アンドレ）
158 Boulevard Haussmann, 75008 Paris
→P.129　美味しくて、素敵な空間のサロン・ド・テ

♛ **L'Éclair de Génie**（レクレール・ドゥ・ジェニ）
14 Rue Pavée, 75004 Paris
→P.027　話題のシュー菓子専門店

♛ **Le Comptoir**（ル・コントワール）
9 Carrefour de l'Odéon, 75006 Paris
→P.093　デセールのヴァシュランが美味しいお店

♛ **Les Puces de Clignancourt**（クリニャンクール蚤の市）
150 Rue des Rosiers, 93400 St-Ouen
→P.019　週末に行くことのできる蚤の市

♛ **Les Puces de Vanves**（ヴァンヴ蚤の市）
Avenue Georges Lafenestre, 75014 Paris
→P.019　週末に行くことのできる蚤の市

♛ **Le Train Bleu**（ル・トラン・ブルー）
Place Louis-Armand, 75012 Paris（リヨン駅内）
→P.129　美味しくて、素敵な空間のサロン・ド・テ

♛ **Liberté**（リベルテ）
39 Rue des Vinaigriers, 75010 Paris
→P.110　パリに行ったら必ず訪れたい 18 アドレス

♛ **L'Objet qui Parle**（ロブジェ・キ・パルル）
86 Rue des Martyrs, 75018 Paris
→P.019　お気に入りのアンティークショップ

♛ **Méert**（メール）
3 Rue Jacques Callot, 75006 Paris
（サンジェルマン・デ・プレ店）
→P.108　バック通り界隈で寄りたいお店
16 Rue Elzevir, 75003 Paris（マレ店）
→P.111　パリに行ったら必ず訪れたい 18 アドレス

♛ **Miss Marple**（ミス・マープル）
16 Avenue de la Motte-Picquet, 75007 Paris
→P.129　美味しくて、素敵な空間のサロン・ド・テ

♛ **Monoprix Champs-Élysées**（モノプリ　シャンゼリゼ店）
107 Rue la Boétie, 75008 Paris
→P.133　夜までやっている大型スーパー

♛ **Monoprix St-Germain des Prés**
（モノプリ　サンジェルマン・デ・プレ店）
52 Rue de Rennes, 75006 Paris
→P.133　夜までやっている大型スーパー

♛ **Mora**（モラ）
13 Rue Montmartre, 75001 Paris
→P.108　モントルグイユ通り界隈のお菓子屋さんとキッチン用品店
→P.137　調理道具と製菓用品を買いに行くお店

♛ **Passage 53**（パッサージュ 53）
53 Passage des Panoramas, 75002 Paris
→P.034　デセールにも注目のレストラン

♛ **Passerini**（パッセリーニ）
65 Rue de Traversière, 75012 Paris
→P.034　デセールにも注目のレストラン

♛ **Pâtisserie Carette**（パティスリー・カレット）
4 Place du Trocadéro, 75016 Paris（トロカデロ店）
25 palace des Vosges, 75003 Paris（ヴォージュ店）
→P.083　大きなマカロンを買いに行くお店
→P.111　パリに行ったら必ず訪れたい 18 アドレス
→P.129　美味しくて、素敵な空間のサロン・ド・テ

♕ **Pâtisserie Christophe Michalak**
(パティスリー・クリストフ・ミシャラク)
8 Rue du Vieux Colombier, 75006 Paris
*ほかにも店舗あり
→ P.108　バック通り界隈で寄りたいお店
→ P.111　パリに行ったら必ず訪れたい 18 アドレス

♕ **Pâtisserie Gilles Marchal**
(パティスリー・ジル・マルシャル)
9 Rue Ravignan, 75018 Paris
→ P.087　マドレーヌを買いに行くお店
→ P.110　パリに行ったら必ず訪れたい 18 アドレス

♕ **Pierre Hermé Bonaparte**
(ピエール・エルメ　ボナパルト店)
72 Rue Bonaparte, 75006 Paris
*ほかにも店舗あり
→ P.046　花のお菓子と出合えるお店

♕ **Poilâne**(ポワラーヌ)
8 Rue du Cherche-Midi, 75006 Paris
→ P.108　バック通り界隈で寄りたいお店
→ P.115　週末の朝、パンを買いに行きたいお店
→ P.126　パリで大好きなサブレのお店

♕ **Popelini**(ポペリーニ)
29 Rue Debelleyme, 75003 Paris
→ P.027　話題のシュー菓子専門店

♕ **Printemps**(プランタン)
64 Boulevard Haussmann, 75009 Paris
→ P.043　各国の味が揃う食料品店へ

♕ **Quatrehomme**(キャトルオム)
62 Rue de Sèvres, 75007 Paris
*ほかにも店舗あり
→ P.050　チーズを買いに出掛けるお店

♕ **Restaurant Kei**(レストラン・ケイ)
5 Rue Coq Héron, 75001 Paris
→ P.093　デセールのヴァシュランが美味しいお店

♕ **Salon de Thé de la Mosquée**
(サロン・ド・テ・ド・ラ・モスケ)
39 Rue Geoffroy-Saint-Hilaire, 75005 Paris
→ P.062　ミントティが美味しいモスケのカフェ
→ P.129　美味しくて、素敵な空間のサロン・ド・テ

♕ **Sébastien Gaudard**(セバスチャン・ゴダール)
22 Rue des Martyrs, 75009 Paris
→ P.110　パリに行ったら必ず訪れたい 18 アドレス

♕ **Septime**(セプティム)
80 Rue de Charonne, 75011 Paris
→ P.034　デセールにも注目のレストラン

♕ **Stohrer**(ストレー)
51 Rue Montorgueil, 75002 Paris
→ P.094　ビッシュ・ド・ノエルを買ったパティスリー
→ P.108　モントルグイユ通り界隈の
　　　　お菓子屋さんとキッチン用品店
→ P.110　パリに行ったら必ず訪れたい 18 アドレス

♕ **Taka & Vermo**(タカ＆ヴェルモ)
61 Bis Rue du Faubourg Saint-Denis, 75010 Paris
→ P.050　チーズを買いに出掛けるお店

♕ **Une Glace à Paris**(ユヌ・グラス・ア・パリ)
15 Rue Saint-Croix de la Bretonnerie, 75004 Paris
→ P.093　フランスらしいムラングを楽しむお店
→ P.111　パリに行ったら必ず訪れたい 18 アドレス

♕ **Vandermeersch**(ヴァンデルメルシュ)
278 Avenue Daumesnil, 75012 Paris
→ P.060　シンプルなガレット・デ・ロワがおすすめ
→ P.071　私の No.1 クグロフが買えるお店

♕ **Velan**(ヴェラン)
87 Passage Brady, 75010 Paris
→ P.043　各国の味が揃う食料品店へ

♕ **Yann Couvreur Pâtisserie**
(ヤン・クヴルー・パティスリー)
23 Bis Rue des Rosiers, 75004 Paris(ロジエール店)
137 Avenue Parmentier, 75010 Paris
(パルモンティエ店)
→ P.015　美味しいヴィエノワズリーが食べられるお店
→ P.110　パリに行ったら必ず訪れたい 18 アドレス

おわりに

お菓子を作ることも食べることも大好きなので、
この仕事に携わることができてとても幸せです。
もちろん思い通りにはならなくて、歯がゆい思いをすることもありますが
ご褒美のような経験をさせてもらうことも。

この本がまさにそう。
私の好きなものを詰めて形にしてもらったご褒美、そんな本です。

料理本を制作するときは、
いつも紹介するレシピひとつひとつに思い入れがあり、
いろいろ説明をしたくなります。
でも、限られたスペースで、読者が何よりも知りたいのは、美味しく作る方法。
1、2行の説明文中では、味の印象と作り方のコツを
端的に説明するのが精一杯でした。

いつか、どうして好きなのか、どんなところが好きなのか、
自分の「好き」を、食べ物やレシピと一緒に目一杯伝えられたら……。
今回、そんな想いを形にした本を作ることができました。

優しく透明感のある写真は馬場わかなさん、
私の「好き」をうんと素敵に見せてくれた、スタイリングは岩﨑牧子さん。
一緒に珍道中をしてパリの良さを再発見させてくれたライターの北條芽以さん。
私の自由気ままな文章を褒めてゆっくり待ってくれた編集・松本貴子さん。
そして、若山さんの好き、を読んでみたい、と提案してくださった
デザイナーの福間優子さん。
どの人が欠けてもこの本は作れませんでした。

奥付の最後まで私の「好き」がいっぱい詰まった本です。
書いているうちに、まだパリに行ったことのない友人に、
あそこであれ食べて！あれ買って！と手紙を書いている気分になり、
どんどんどんどん文章が長くなってしまいました。
会ったことのない、私の押しつけがましい「好き」を手にとって、
読む時間を作ってくださったみなさん、ありがとう。
お節介な友だちのおしゃべりを聴く気分で、しかたないなあ、
と、眺めてくださったら嬉しいです。

最後に、私の進みたい道がどんなに不透明で怪しくても、
いつも進め進めと後押ししてくれる両親と夫に感謝を込めて。

2018年3月13日
若山曜子

若山曜子

Yoko Wakayama

菓子・料理研究家。東京外国語大学フランス語学科卒業後パリへ留学。ル・コルドンブルーパリ、エコール・フェランディを経て、フランス国家調理師資格（CAP）を取得。帰国後は雑誌や書籍、テレビのほか、料理教室の主宰など幅広く活躍中。現地での経験と独自の感性を活かしたセンスあふれるレシピが人気を集めている。著作に『レモンのお菓子』（マイナビ出版）、『フライパンリゾット』『パウンド型ひとつで作るたくさんのケーク』（主婦と生活社）『大人のほろ酔いスイーツ』（産業編集センター）他多数。

わたしのフランス菓子(がし) A to Z(エートゥーゼット)

2018年3月22日　第1刷発行

レシピ・文　若山曜子
構成　北條芽以
デザイン　福間優子
撮影　馬場わかな
スタイリング　岩﨑牧子
調理アシスタント　鈴木真代・櫻庭奈穂子
フランス語校正　Ayusa Gravier
現地写真提供　若山曜子／北條芽以／Ami van Waerbeke／Yukiko Ledelf／SOUVENIR de PARIS
編集　松本貴子

資材提供　お菓子・パン材料・ラッピングの通販「cotta」
http://www.cotta.jp
株式会社ジャパンインポートシステム
https://www.jisys.co.jp/

発行　株式会社産業編集センター
〒112-0011　東京都文京区千石4丁目39番17号
TEL 03-5395-6133　FAX 03-5395-5320

印刷・製本　株式会社シナノパブリッシングプレス

© 2018 Yoko Wakayama Printed in Japan

ISBN978-4-86311-180-6　C0077

本書掲載の文章・写真を無断で転記することを禁じます。乱丁・落丁 本はお取り替えいたします。

出典：『A Moveable Feast』（Ernest Hemingway）P.02